MENSAGEM

Fernando Pessoa

TEXTO INTEGRAL

Os Objetivos, a Filosofia e a Missão da Editora Martin Claret

O principal Objetivo da MARTIN CLARET é continuar a desenvolver uma grande e poderosa empresa editorial brasileira, para melhor servir a seus leitores.

A Filosofia de trabalho da MARTIN CLARET consiste em criar, inovar, produzir e distribuir, sinergicamente, livros da melhor qualidade editorial e gráfica, para o maior número de leitores e por um preço economicamente acessível.

A Missão da MARTIN CLARET é conscientizar e motivar as pessoas a desenvolver e utilizar o seu pleno potencial espiritual, mental, emocional e social.

A MARTIN CLARET está empenhada em contribuir para a difusão da educação e da cultura, por meio da democratização do livro, usando todos os canais ortodoxos e heterodoxos de comercialização.

A MARTIN CLARET, em sua missão empresarial, acredita na verdadeira função do livro: o livro muda as pessoas.

A MARTIN CLARET, em sua vocação educacional, deseja, por meio do livro, claretizar, otimizar e iluminar a vida das pessoas.

Revolucione-se: leia mais para ser mais!

COLEÇÃO A OBRA-PRIMA DE CADA AUTOR

MENSAGEM

Fernando Pessoa

TEXTO INTEGRAL

MARTIN CLARET

CRÉDITOS

Idealização e Coordenação
Martin Claret

Capa
Ilustração
Cláudio Gianfardoni

Miolo
Revisão
Antonio Carlos Marques

Projeto Gráfico
José Duarte T. de Castro

Direção de Arte
José Duarte T. de Castro

Digitação
Conceição A. Gatti Leonardo

Editoração Eletrônica
Editora Martin Claret

Fotolitos da Capa
OESP

Papel
Off-Set, 70g/m²

Impressão e Acabamento
Paulus Gráfica

Editora Martin Claret Ltda. - Rua Alegrete, 62 - Bairro Sumaré
CEP: 01254-010 - São Paulo - SP
Tel.: (11) 3672-8144 - Fax: (11) 3673-7146
www.martinclaret.com.br / editorial@martinclaret.com.br

Agradecemos a todos os nossos amigos e colaboradores — pessoas físicas e jurídicas — que deram as condições para que fosse possível a publicação deste livro.

Este livro foi impresso no outono de 2007.

A história do livro e a coleção "A Obra-Prima de Cada Autor"

MARTIN CLARET

Que é o livro? Para fins estatísticos, na década de 60, a UNESCO considerou o livro "uma publicação impressa, não periódica, que consta de no mínimo 49 páginas, sem contar as capas".

O livro é um produto industrial.

Mas também é mais do que um simples produto. O primeiro conceito que deveríamos reter é o de que o livro como objeto é o veículo, o suporte de uma informação. O livro é uma das mais revolucionárias invenções do homem.

A *Enciclopédia Abril* (1972), publicada pelo editor e empresário Victor Civita, no verbete "livro" traz concisas e importantes informações sobre a história do livro. A seguir, transcrevemos alguns tópicos desse estudo didático sobre o livro:

O livro na Antiguidade

Antes mesmo que o homem pensasse em utilizar determinados materiais para escrever (como, por exemplo, fibras vegetais e tecidos), as bibliotecas da Antiguidade estavam repletas de textos gravados em tabuinhas de barro cozido. Eram os primeiros "livros", depois progressivamente modificados até chegar a ser feitos — em grandes tiragens — em papel impresso mecanicamente, proporcionando facilidade de leitura e transporte. Com eles, tornou-se possível, em todas as épocas, transmitir fatos, acontecimentos históricos, descobertas, tratados, códigos ou apenas entretenimento.

Como sua fabricação, a função do livro sofreu enormes modificações dentro das mais diversas sociedades, a ponto de constituir uma mercadoria especial, com técnica, intenção e utilização determinadas. No moderno movimento editorial das chamadas sociedades de consumo, o livro pode ser considerado uma mercadoria cultural, com maior ou menor significado no contexto socioeconômico em que é publicado. Como mercadoria, pode ser comprado, vendido ou trocado. Isso não ocorre, porém, com sua função intrínseca, insubstituível: pode-se dizer que o livro é essencialmente um instrumento cultural de difusão de idéias, transmissão de conceitos, documentação (inclusive fotográfica e iconográfica), entretenimento ou ainda de condensação e acumulação do conhecimento. A palavra escrita venceu o tempo, e o livro conquistou o espaço. Teoricamente, toda a humanidade pode ser atingida por textos que difundem idéias que vão de Sócrates e Horácio a Sartre e McLuhan, de Adolf Hitler a Karl Marx.

Espelho da sociedade

A história do livro confunde-se, em muitos aspectos, com a história da humanidade. Sempre que escolhem frases e temas, e transmitem idéias e conceitos, os escritores estão elegendo o que consideram significativo no momento histórico e cultural que vivem. E assim, fornecem dados para a análise de sua sociedade. O conteúdo de um livro — aceito, discutido ou refutado socialmente — integra a estrutura intelectual dos grupos sociais.

Nos primeiros tempos, o escritor geralmente vivia em contato direto com seu público, que era formado por uns poucos letrados, já cientes das opiniões, idéias, imaginação e teses do autor, pela própria convivência que tinha com ele. Muitas vezes, mesmo antes de ser redigido o texto, as idéias nele contidas já haviam sido intensamente discutidas pelo escritor e parte de seus leitores. Nessa época, como em várias outras, não se pensava no enorme percentual de analfabetos. Até o século XV, o livro servia exclusivamente a uma pequena minoria de sábios e estudiosos que constituíam os círculos intelectuais (confinados aos mosteiros no início da Idade Média) e que tinham acesso às bibliotecas, cheias de manuscritos ricamente ilustrados.

Com o reflorescimento comercial europeu em fins do século XIV, burgueses e comerciantes passaram a integrar o mercado livreiro da época. A erudição laicizou-se, e o número de escritores aumentou, surgindo também as primeiras obras escritas em línguas que não o latim e o grego (reservadas aos textos clássicos e aos assuntos considerados dignos de atenção).

Nos séculos XVI e XVII surgiram diversas literaturas nacionais, demonstrando, além do florescimento intelectual da época, que a população letrada dos países europeus estava mais capacitada a adquirir obras escritas.

Cultura e comércio

Com o desenvolvimento do sistema de impressão de Gutenberg, a Europa conseguiu dinamizar a fabricação de livros, imprimindo, em cinqüenta anos, cerca de vinte milhões de exemplares para uma população de quase cem milhões de habitantes, a maioria analfabeta. Para a época, isso significou enorme revolução, demonstrando que a imprensa só se tornou uma realidade diante da necessidade social de ler mais.

Impressos em papel, feitos em cadernos costurados e posteriormente encapados, os livros tornaram-se empreendimento cultural e comercial: os editores passaram logo a se preocupar com melhor apresentação e redução de preços. Tudo isso levou à comercialização do livro. E os livreiros baseavam-se no gosto do público para imprimir, sobretudo, obras religiosas, novelas, coleções de anedotas, manuais técnicos e receitas.

Mas o percentual de leitores não cresceu na mesma proporção que a expansão demográfica mundial. Somente com as modificações socioculturais e econômicas do século XIX — quando o livro começou a ser utilizado também como meio de divulgação dessas modificações, e o conhecimento passou a significar uma conquista para o homem, que, segundo se acreditava, poderia ascender socialmente se lesse — houve um relativo aumento no número de leitores, sobretudo na França e na Inglaterra, onde alguns editores passaram a produzir, a preços baixos, obras completas de autores famosos. O livro era então interpretado como símbolo de liberdade, conseguida por conquistas culturais. Entretanto, na maioria dos países, não houve nenhuma grande modificação nos índices percentuais até o fim da Primeira Guerra Mundial (1914/18), quando surgiram as primeiras grandes tiragens de livros, principalmente romances, novelas e textos didáticos. O número elevado de cópias, além de baratear o preço da unidade, difundiu ainda mais a literatura. Mesmo assim, a maior parte da população de muitos países continuou distanciada, em parte porque o livro, em si, tinha sido durante muitos séculos considerado objeto raro, passível de ser adquirido somente por um pequeno número de eruditos. A grande massa da população mostrou maior receptividade aos jornais, periódicos e folhetins, mais dinâmicos e atualizados, além de acessíveis ao poder aquisitivo da grande maioria.

Mas isso não chegou a ameaçar o livro como símbolo cultural de difusão de idéias, como fariam, mais tarde, o rádio, o cinema e a televisão.

O advento das técnicas eletrônicas, o aperfeiçoamento dos métodos fotográficos e a pesquisa de materiais praticamente imperecíveis fazem alguns teóricos da comunicação de massa pensar em um futuro sem os livros tradicionais, com seu formato quadrado ou retangular, composto de folhas de papel, unidas umas às outras por um dos lados.

Seu conteúdo e suas mensagens, racionais ou emocionais, seriam transmitidos por outros meios, como, por exemplo, microfilmes e fitas gravadas.

A televisão transformaria o mundo inteiro em uma grande "aldeia" (como afirmou Marshall McLuhan), no momento em que todas as sociedades decretassem sua prioridade em relação aos textos escritos.

Mas a palavra escrita dificilmente deixaria de ser considerada uma das mais importantes heranças culturais, para todos os povos.

E no decurso de toda a sua evolução, o livro sempre pôde ser visto como objeto cultural (manuseável, com forma entendida e interpretada em função de valores plásticos) e símbolo cultural (dotado de conteúdo, entendido e interpretado em função de valores semânticos). As duas maneiras podem fundir-se no pensamento coletivo, como um conjunto orgânico (onde texto e arte se completam, como, por exemplo, em um livro de arte) ou apenas como um conjunto textual (onde a mensagem escrita vem em primeiro lugar — em um livro de matemática, por exemplo).

A mensagem (racional, prática ou emocional) de um livro é sempre intelectual e pode ser revivida a cada momento.

O conteúdo, estático em si, dinamiza-se em função da assimilação das palavras pelo leitor, que pode discuti-las, reafirmá-las, negá-las ou transformá-las. Por isso, o livro pode ser considerado um instrumento cultural capaz de liberar informação, sons, imagens, sentimentos e idéias através do tempo e do espaço.

A quantidade e a qualidade das idéias colocadas em um texto podem ser aceitas por uma sociedade, ou por ela negadas, quando entram em choque com conceitos ou normas culturalmente admitidas.

Nas sociedades modernas, em que a classe média tende a considerar o livro como sinal de *status* e cultura (erudição), os compradores utilizam-no como símbolo mesmo, desvirtuando suas funções ao transformá-lo em livro-objeto.

Mas o livro é antes de tudo funcional — seu conteúdo é que lhe confere valor (como os livros das ciências, de filosofia, religião, artes, história e geografia, que representam cerca de 75% dos títulos publicados anualmente em todo o mundo).

O mundo lê mais

No século XX, o consumo e a produção de livros aumentaram progressivamente. Lançado logo após a Segunda Guerra Mundial (1939/45), quando uma das características principais da edição de um livro eram as capas entreteladas ou cartonadas, o livro de bolso constituiu um grande êxito comercial. As obras — sobretudo *best- sellers* publicados algum tempo antes em edições de luxo — passaram a ser impressas em rotativas, como as revistas, e distribuídas às bancas de jornal. Como as tiragens elevadas permitiam preços muito baixos, essas edições de bolso popularizaram-se e ganharam importância em todo o mundo.

Até 1950, existiam somente livros de bolso destinados a pessoas de baixo poder aquisitivo; a partir de 1955, desenvolveu-se a categoria do livro de bolso "de luxo". As características principais destes últimos eram a abundância de coleções — em 1964 havia mais de duzentas nos Estados Unidos — e a variedade de títulos, endereçados a um público intelectualmente mais refinado.

A essa diversificação das categorias adiciona-se a dos pontos de venda, que passaram a abranger, além das bancas de jornal, farmácias, lojas, livrarias, etc. Assim, nos Estados Unidos, o número de títulos publicados em edições de bolso chegou a 35 mil em 1969, representando quase 35% do total dos títulos editados.

Proposta da coleção
"A Obra-Prima de Cada Autor"

A palavra "coleção" é uma palavra há muito tempo dicionarizada, e define o conjunto ou reunião de objetos da mesma natureza ou que têm qualquer relação entre si. Em um sentido editorial, significa o conjunto não-limitado de obras de autores diversos, publicado por uma mesma editora, sob um título geral indicativo de assunto ou área, para atendimento de segmentos definidos do mercado.

A coleção "A Obra-Prima de Cada Autor" corresponde plenamente à definição acima mencionada. Nosso principal objetivo é oferecer, em formato de bolso, a obra mais importante de cada autor,* satisfazendo o leitor que procura qualidade.

Desde os tempos mais remotos existiram coleções de livros. Em Nínive, em Pérgamo e na Anatólia existiam coleções de obras literárias de grande importância cultural. Mas nenhuma delas superou a célebre biblioteca de Alexandria, incendiada em 48 a.C. pelas legiões de Júlio César, quando estes arrasaram a cidade.

A coleção "A Obra-Prima de Cada Autor" é uma série de livros a ser composta de mais de 400 volumes, formato de bolso, com preço altamente competitivo, e pode ser encontrada em centenas de pontos de venda. O critério de seleção dos títulos foi o já estabelecido pela tradição e pela crítica especializada. Em sua maioria são obras de ficção e filosofia, embora possa haver textos sobre religião, poesia, política, psicologia e obras de auto-ajuda. Inauguram a coleção quatro textos clássicos: *Dom Casmurro,* de Machado de Assis; *O Príncipe,* de Maquiavel; *Mensagem,* de Fernando Pessoa, e *O Lobo do Mar,* de Jack London.

---

* Atendendo a sugestões de leitores, livreiros e professores, a partir de certo número da coleção, começamos a publicar, de algum autores, outras obras além da sua obra-prima.

Nossa proposta é fazer uma coleção quantitativamente aberta. A periodicidade é mensal. Editorialmente, sentimo-nos orgulhosos de poder oferecer a coleção "A Obra-Prima de Cada Autor" aos leitores brasileiros. Nós acreditamos na função do livro.

Mensagem, obra-prima subestimada

ALBERTO BENTO AUGUSTO

Mensagem foi a única obra em português que Fernando Pessoa viu vir à luz. Em 1934, o governo português, através do Secretariado de Propaganda Nacional, criou o prêmio literário "Antero de Quental" a ser conferido ao melhor livro de poesia nacionalista inscrito no concurso. Como em fim de outubro alguns exemplares do *Mensagem* já estavam prontos, Pessoa resolveu participar do concurso, posto que o livro atendia ao quesito principal do concurso — o nacionalismo.

O prêmio foi concedido ao livro *Romaria,* de Vasco Reis, pseudônimo do padre Armando Reis Ventura, que, segundo Gaspar Simões — um dos mais renomados críticos literários de Portugal — era obra "para gentinha simples e sem cultura". Para que não se duvide do seu julgamento, acrescentamos um outro, a respeito da prosa e poesia do Sr. Reis, colhido no dicionário *Literatura Portuguesa Moderna,* organizado pelo Prof. Massaud Moisés: "De cunho descritivo, cronístico e eminentemente popular", "(...) se expressa em toadas populares semelhantes às composições repentistas da literatura oral" e sua prosa apresenta "situações pouco elaboradas, que não oferecem maiores surpresas." Portanto, escritor de segunda categoria. No entanto, assim não entendeu o júri. Como consolo, ofereceu a Fernando Pessoa um prêmio não previsto, "prêmio de segunda categoria" — que, evidentemente, o poeta jamais foi receber. Contra essa flagrante injustiça, o veredicto da História foi implacável: enquanto a obra do Sr. Reis Ventura caiu no mais completo esquecimento, perdendo-se no anonimato das obras que se acotovelam umas às outras no sótão da história literária, *Mensagem* elevou-se à constelação das obras-primas da literatura de língua portuguesa.

Fernando Pessoa começou a elaborar o *Mensagem* em 1913 (o poema "D. Fernando, infante de Portugal" traz a data de 21-7-1913) e o foi meditando e escrevendo por mais de duas décadas — seus últimos poemas são de 1934. Portanto, projeto longamente acalentado na sua alma e que poderia, em razão mesmo desse longo tempo, pecar pela falta de unidade e dispersão. No entanto, a obra possui forte coerência espiritual, temática e estilística. Pensava o poeta em denominá-la *Portugal,* mas desistiu da idéia por não considerar a obra à altura do nome da pátria; uma outra razão foi que seu amigo Da Cunha Dias o convenceu de que o nome da pátria estava desacreditado e prostituído. Por outro lado, julgou Pessoa que *Mensagem* era um nome mais apropriado para a índole da obra, uma obra com forte apelo messiânico.

(In: *Mensagem*, Alberto Bento Augusto, Editora Núcleo, São Paulo, 1995.)

Mensagem[1]

Benedictus Dominus Deus noster
qui dedit nobis signum

Nota preliminar[2]

O entendimento dos símbolos e dos rituais (simbólicos) exige do intérprete que possua cinco qualidades ou condições, sem as quais os símbolos serão para ele mortos, e ele um morto para eles.

A primeira é a simpatia; não direi a primeira em tempo, mas a primeira conforme vou citando, e cito por graus de simplicidade. Tem o intérprete que sentir simpatia pelo símbolo que se propõe interpretar. A atitude cauta, a irônica, a deslocada — todas elas privam o intér-

---

[1]"Bendito Deus Nosso Senhor Que Nos Deu O Sinal". A epígrafe que antecede o texto da *Mensagem* — proveniente do ritual rosa-cruz — sintetiza eficientemente o conteúdo do livro, no qual o poeta se preocupa em interpretar os sinais divinos em que se inscreve a grandeza da pátria. Adrien Roig associa especialmente a epígrafe ao Brasão português, recorrendo ao lendário milagre de Ourique: segundo essa lenda, antes da batalha com os muçulmanos, Cristo teria aparecido a D. Afonso Henriques concedendo-lhe as suas cinco chagas como armas do Reino de Portugal (cf. Adrien Roig).

[2]Apontamento solto de FP, s.d.; não assinado.

prete da primeira condição para poder interpretar.

A segunda é a intuição. A simpatia pode auxiliá-la, se ela já existe, porém não criá-la. Por intuição se entende aquela espécie de entendimento com que se sente o que está além do símbolo, sem que se veja.

A terceira é a inteligência. A inteligência analisa, decompõe, reconstrói noutro nível o símbolo; tem, porém, que fazê-lo depois que, no fundo, é tudo o mesmo. Não direi erudição, como poderia no exame dos símbolos, é o de relacionar no alto o que está de acordo com a relação que está embaixo. Não poderá fazer isto se a simpatia não tiver lembrado essa relação, se a intuição a não tiver estabelecido. Então a inteligência, de discursiva que naturalmente é, se tornará analógica, e o símbolo poderá ser interpretado.

A quarta é a compreensão, entendendo por esta palavra o conhecimento de outras matérias, que permitam que o símbolo seja iluminado por várias luzes, relacionado com vários outros símbolos, pois que, no fundo, é tudo o mesmo. Não direi erudição, como poderia ter dito, pois a erudição é uma soma; nem direi cultura, pois a cultura é uma síntese; e a compreensão é uma vida. Assim certos símbolos não podem ser bem entendidos se não houver antes, ou no mesmo tempo, o entendimento de símbolos diferentes.

A quinta é menos definível. Direi talvez, falando a uns, que é a graça, falando a outros, que é a mão do Superior Incógnito, falando a terceiros, que é o Conhecimento e Conversação do Santo Anjo da Guarda, entendendo cada uma destas coisas, que são a mesma da maneira como as entendem aqueles que delas usam, falando ou escrevendo.

Palavras de pórtico[3]

Navegadores antigos tinham uma frase gloriosa: Navegar é preciso; viver não é preciso.

Quero para mim o espírito [d]esta frase, transformada a forma para a casar com o que eu sou: Viver não é necessário; o que é necessário é criar.

Não conto gozar a minha vida; nem em gozá-la penso. Só quero torná-la grande ainda que para isso tenha de ser o meu corpo e a (minha alma) a lenha desse fogo.

Só quero torná-la de toda a humanidade; ainda que para isso tenha de a perder como minha.

Cada vez mais assim penso. Cada vez mais ponho na essência anímica do meu sangue o propósito impessoal de engrandecer a pátria e contribuir para a evolução da humanidade.

É a forma que em mim tornou o misticismo da nossa Raça.

---

[3] Esta nota solta, e não assinada, foi publicada, pela primeira vez, na primeira edição deste volume (Rio de Janeiro, GB, 23.03.1960).

Brasão

*Bellum sine bello**

I. Os campos

[1]

Primeiro / Os castelos

08-12-1928

A Europa jaz, posta nos cotovelos:
De Oriente a Ocidente jaz, fitando,
E toldam-lhe românticos cabelos
Olhos gregos, lembrando.

O cotovelo esquerdo é recuado;
O direito é em ângulo disposto.
Aquele diz Itália onde é pousado;
Este diz Inglaterra onde, afastado,
A mão sustenta, em que se apóia o rosto.

Fita, com olhar esfíngico e fatal,
O Ocidente, futuro do passado.

O rosto com que fita é Portugal.

**Bellum sine belo* — expressão em latim: *guerra sem armas.*

[2]

Segundo / O das quinas

08-12-1928

Os deuses vendem quando dão.
Compra-se a glória com desgraça.
Ai dos felizes, porque são
Só o que passa!

Baste a quem baste o que lhe basta
O bastante de lhe bastar!
A vida é breve, a alma é vasta;
Ter é tardar.

Foi com desgraça e com vileza
Que Deus ao Cristo definiu:
Assim o opôs à Natureza
E Filho o ungiu.

II. Os castelos

[3]

Primeiro / Ulisses

O mito é o nada que é tudo.
O mesmo sol que abre os céus
É um mito brilhante e mudo —
O corpo morto de Deus,
Vivo e desnudo.

Este, que aqui aportou,
Foi por não ser existindo.
Sem existir nos bastou.
Por não ter vindo foi vindo
E nos criou.

Assim a lenda se escorre
A entrar na realidade.
E a fecundá-la decorre.
Em baixo, a vida, metade
De nada, morre.

[4]

Segundo / Viriato

22-01-1934

Se a alma que sente e faz conhece
Só porque lembra o que esqueceu,
Vivemos, raça, porque houvesse
Memória em nós do instinto teu.

Nação porque reencarnaste,
Povo porque ressuscitou
Ou tu, ou o de que eras a haste —
Assim se Portugal formou.

Teu ser é como aquela fria
Luz que precede a madrugada,
E é já o ir a haver o dia
Na antemanhã, confuso nada.

[5]

Terceiro / O conde D. Henrique

Todo começo é involuntário.
Deus é o agente.
O herói a si assiste, vário
E inconsciente.

À espada em tuas mãos achada
Teu olhar desce.
“Que farei eu com esta espada?”

Ergueste-a, e fez-se.

[6]

Quarto / D. Tareja

24-09-1928

As nações todas são mistérios.
Cada uma é todo o mundo a sós.
Ó mãe de reis e avó de impérios,
Vela por nós!

Teu seio augusto amamentou
Com bruta e natural certeza
O que, imprevisto, Deus fadou.
Por ele reza!

Dê tua prece outro destino
A quem fadou o instinto teu!
O homem que foi o teu menino
Envelheceu.

Mas todo vivo é eterno infante.
Onde estás e não há o dia.
No antigo seio, vigilante,
De novo o cria!

[7]

Quinto / D. Afonso Henriques

Pai, foste cavaleiro.
Hoje a vigília é nossa.
Dá-nos o exemplo inteiro
E a tua inteira força!

Dá, contra a hora em que, errada,
Novos infiéis vençam,
A bênção como espada,
A espada como bênção!

[8]

Sexto / D. Dinis

09-02-1934

Na noite escreveu um seu Cantar de Amigo
O plantador de naus a haver,
E ouve um silêncio múrmuro consigo:
É o rumor dos pinhais que, como um trigo
De Império, ondulam sem se poder ver.

Arroio, esse cantar, jovem e puro,
Busca o oceano por achar;
E a fala dos pinhais, marulho obscuro,
É o som presente d'esse mar futuro,
É a voz da terra ansiando pelo mar.

[9]

Sétimo (I) / D. João, o primeiro

12-02-1934

O homem e a hora são um só
Quando Deus faz e a história é feita.
O mais é carne, cujo pó
A terra espreita.

Mestre, sem o saber, do Templo
Que Portugal foi feito ser,
Que houveste a glória e deste o exemplo
De o defender.

Teu nome, eleito em sua fama,
É, na ara da nossa alma interna,
A que repele, eterna chama,
A sombra eterna.

[10]

Sétimo (II) / D. Filipa de Lencastre

26-09-1928

Que enigma havia em teu seio
Que só gênios concebia?
Que arcanjo teus sonhos veio
Velar, maternos, um dia?

Volve a nós teu rosto sério,
Princesa do Santo Gral,
Humano ventre do Império,
Madrinha de Portugal!

III. As quinas

[11]

Primeira / D. Duarte, rei de Portugal

26-09-1928

Meu dever fez-me, como Deus ao mundo.
A regra de ser Rei almou meu ser,
Em dia e letra escrupuloso e fundo.

Firme em minha tristeza, tal vivi.
Cumpri contra o Destino o meu dever.
Inutilmente? Não, porque o cumpri.

[12]

Segunda / D. Fernando, infante de Portugal

21-07-1913

Deu-me Deus o seu gládio, por que eu faça
A sua santa guerra.
Sagrou-me seu em honra e em desgraça,
Às horas em que um frio vento passa
Por sobre a fria terra.

Pôs-me as mãos sobre os ombros e dourou-me
A fronte com o olhar;
E esta febre de Além, que me consome,
E este querer grandeza são seu nome
Dentro em mim a vibrar.

E eu vou, e a luz do gládio erguido dá
Em minha face calma.
Cheio de Deus, não temo o que virá,
Pois, venha o que vier, nunca será
Maior do que a minha alma.

[13]

Terceira / D. Pedro, regente de Portugal

15-02-1934

Claro em pensar, e claro no sentir,
É claro no querer;
Indiferente ao que há em conseguir
Que seja só obter;
Dúplice dono, sem me dividir,
De dever e de ser —

Não me podia a Sorte dar guarida
Por não ser eu dos seus.
Assim vivi, assim morri, a vida,
Calmo sob mudos céus,
Fiel à palavra dada e à idéia tida.
Tudo mais é com Deus!

[14]

Quarta / D. João, infante de Portugal

28-03-1930

Não fui alguém. Minha alma estava estreita
Entre tão grandes almas minhas pares,
Inutilmente eleita,
Virgemente parada;

Porque é do português, pai de amplos mares,
Querer, poder só isto:
O inteiro mar, ou a orla vã desfeita –
O todo, ou o seu nada.

[15]

Quinta / D. Sebastião, rei de Portugal

20-02-1933

Louco, sim, louco, porque quis grandeza
Qual a Sorte a não dá.
Não coube em mim minha certeza;
Por isso onde o areal está
Ficou meu ser que houve, não o que há.

Minha loucura, outros que me a tomem
Com o que nela ia.
Sem a loucura que é o homem
Mais que a besta sadia,
Cadáver adiado que procria?

IV. A coroa

[16]

Nunálvares Pereira

08-12-1928

Que auréola te cerca?
É a espada que, volteando,
Faz que o ar alto perca
Seu azul negro e brando.

Mas que espada é que, erguida,
Faz esse halo no céu?
É Excalibur, a ungida,
Que o Rei Artur te deu.

Esperança consumada,
S. Portugal em ser.
Ergue a luz da tua espada
Para a estrada se ver!

V. O timbre

[17]

A cabeça do grifo / O infante D. Henrique

26-09-1928

Em seu trono entre o brilho das esferas,
Com seu manto de noite e solidão,
Tem aos pés o mar novo e as mortas eras —
O único imperador que tem, deveras,
O globo mundo em sua mão.

[18]

Uma asa do grifo / D. João, o segundo

26-09-1928

Braços cruzados, fita além do mar.
Parece em promontório uma alta serra —
O limite da terra a dominar
O mar que possa haver além da terra.

Seu formidável vulto solitário
Enche de estar presente o mar e o céu,
E parece temer o mundo vário
Que ele abra os abraços e lhe rasgue o véu.

[19]

A outra asa do grifo / Afonso de Albuquerque

26-09-1928

De pé, sobre os países conquistados
Desce os olhos cansados
De ver o mundo e a injustiça e a sorte.
Não pensa em vida ou morte,
Tão poderoso que não quer o quanto
Pode, que o querer tanto
Calcara mais do que o submisso mundo
Sob o seu passo fundo.
Três impérios do chão lhe a Sorte apanha.
Criou-os como quem desdenha.

Mar português

*Possessio maris**

[20]

I. O infante

Deus quer, o homem sonha, a obra nasce.
Deus quis que a terra fosse toda uma,
Que o mar unisse, já não separasse.
Sagrou-te, e foste desvendando a espuma,

E a orla branca foi de ilha em continente,
Clareou, correndo, até ao fim do mundo,
E viu-se a terra inteira, de repente,
Surgir, redonda, do azul profundo.

Quem te sagrou criou-te português.
Do mar e nós em ti nos deu sinal.
Cumpriu-se o Mar, e o Império se desfez.
Senhor, falta cumprir-se Portugal!

**Possessio maris* — expressão em latim: *posse dos mares*.

[21]

II. Horizonte

Ó mar anterior a nós, teus medos
Tinham coral e praias e arvoredos.
Desvendadas a noite e a cerração,
As tormentas passadas e o mistério,
Abria em flor o Longe, e o Sul sidério
Splendia sobre as naus da iniciação.

Linha severa da longínqua costa —
Quando a nau se aproxima ergue-se a encosta
Em árvores onde o Longe nada tinha;
Mais perto, abre se a terra em sons e cores:
E, no desembarcar, há aves, flores,
Onde era só, de longe a abstrata linha.

O sonho é ver as formas invisíveis
Da distância imprecisa, e, com sensíveis
Movimentos da esperança e da vontade,
Buscar na linha fria do horizonte
A árvore, a praia, a flor, a ave, a fonte —
Os beijos merecidos da Verdade.

[22]

III. Padrão

13-09-1918

O esforço é grande e o homem é pequeno.
Eu, Diogo Cão, navegador, deixei
Este padrão ao pé do areal moreno
E para adiante naveguei.

A alma é divina e a obra é imperfeita.
Este padrão assinala ao vento e aos céus
Que, da obra ousada, é minha a parte feita:
O por-fazer é só com Deus.

E ao imenso e possível oceano
Ensinam estas Quinas, que aqui vês,
Que o mar com fim será grego ou romano:
O mar sem fim é português.

E a cruz ao alto diz que o que me há na alma
E faz a febre em mim de navegar
Só encontrará de Deus na eterna calma
O porto sempre por achar.

[23]

IV. O monstrengo

09-09-1918

O monstrengo que está no fim do mar
Na noite de breu ergueu-se a voar;
À roda da nau voou três vezes,
Voou três vezes a chiar,
E disse, "Quem é que ousou entrar
Nas minhas cavernas que não desvendo,
Meus tetos negros do fim do mundo?"
E o homem do leme disse, tremendo,
"El-Rei D. João Segundo!"

"De quem são as velas onde me roço?
De quem as quilhas que vejo e ouço?"
Disse o monstrengo, e rodou três vezes,
Três vezes rodou imundo e grosso,
"Quem vem poder o que só eu posso,
Que moro onde nunca ninguém me visse
E escorro os medos do mar sem fundo?"
E o homem do leme tremeu, e disse,
"El-Rei D. João Segundo!"

Três vezes do leme as mãos ergueu,
Três vezes ao leme as reprendeu,
E disse no fim de tremer três vezes,
"Aqui ao leme sou mais do que eu:
Sou um Povo que quer o mar que é teu;
E mais que o monstrengo, que me a alma teme
E roda nas trevas do fim do mundo,
Manda a vontade, que me ata ao leme,
De El-Rei D. João Segundo!"

[24]

V. Epitáfio de Bartolomeu Dias

Jaz aqui, na pequena praia extrema,
O Capitão do Fim. Dobrado o Assombro,
O mar é o mesmo: já ninguém o tema!
Atlas, mostra alto o mundo no seu ombro.

[25]

VI. Os colombos

02-04-1934

Outros haverão de ter
O que houvermos de perder.
Outros poderão achar
O que, no nosso encontrar,
Foi achado, ou não achado,
Segundo o destino dado.

Mas o que a eles não toca
É a Magia que evoca
O Longe e faz dele história.
E por isso a sua glória
É justa auréola dada
Por uma luz emprestada.

[26]

VII. Ocidente

Com duas mãos — o Ato e o Destino —
Desvendamos. No mesmo gesto, ao céu
Uma ergue o facho trêmulo e divino
E a outra afasta o véu.

Fosse a hora que haver ou a que havia
A mão que ao Ocidente o véu rasgou,
Foi alma a Ciência e corpo a Ousadia
Da mão que desvendou.

Fosse Acaso, ou Vontade, ou Temporal
A mão que ergueu o facho que luziu,
Foi Deus a alma e o corpo Portugal
Da mão que o conduziu.

[27]

VIII. Fernão de Magalhães

No vale clareia uma fogueira.
Uma dança sacode a terra inteira.
E sombras disformes e descompostas
Em clarões negros do vale vão
Subitamente pelas encostas,
Indo perder-se na escuridão.

De quem é a dança que a noite aterra?
São os Titãs, os filhos da Terra,
Que dançam da morte do marinheiro
Que quis cingir o materno vulto —
Cingi-lo, dos homens, o primeiro —,
Na praia ao longe por fim sepulto.

Dançam, nem sabem que a alma ousada
Do morto ainda comanda a armada,
Pulso sem corpo ao leme a guiar
As naus no resto do fim do espaço:
Que até ausente soube cercar
A terra inteira com seu abraço.

Violou a Terra. Mas eles não
O sabem, e dançam na solidão;
E sombras disformes e descompostas,
Indo perder-se nos horizontes,
Galgam do vale pelas encostas
Dos mudos montes.

[28]

IX. Ascensão de Vasco da Gama

10-01-1922

Os deuses da tormenta e os gigantes da terra
Suspendem de repente o ódio da sua guerra
E pasmam. Pelo vale onde se ascende aos céus
Surge um silêncio, e vai, da névoa ondeando os véus,
Primeiro um movimento e depois um assombro.
Ladeiam-no, ao durar, os medos, ombro a ombro,
E ao longe o rastro ruge em nuvens e clarões

Embaixo, onde a terra é, o pastor gela, e a flauta
Cai-lhe, e em êxtase vê, à luz de mil trovões,
O céu abrir o abismo à alma do Argonauta.

[29]

X. Mar Português

Ó mar salgado, quanto do teu sal
São lágrimas de Portugal!
Por te cruzarmos, quantas mães choraram,
Quantos filhos em vão rezaram!
Quantas noivas ficaram por casar
Para que fosses nosso, ó mar!

Valeu a pena? Tudo vale a pena
Se a alma não é pequena.
Quem quer passar além do Bojador
Tem que passar além da dor.
Deus ao mar o perigo e o abismo deu,
Mas nele é que espelhou o céu.

[30]

XI. A última nau

Levando a bordo El-Rei D. Sebastião,
E erguendo, como um nome, alto o pendão
Do Império,
Foi-se a última nau, ao sol aziago
Erma, e entre choros de ânsia e de pressago
Mistério.

Não voltou mais. A que ilha indescoberta
Aportou? Voltará da sorte incerta
Que teve?
Deus guarda o corpo e a forma do futuro,
Mas Sua luz projeta-o, sonho escuro
E breve.

Ah, quanto mais ao povo a alma falta,
Mais a minha alma atlântica se exalta
E entorna,
E em mim, num mar que não tem tempo ou espaço,
Vejo entre a cerração teu vulto baço
Que torna.

Não sei a hora, mas sei que há a hora,
Demore-a Deus, chame-lhe a alma embora
Mistério.
Surges ao sol em mim, e a névoa finda:
A mesma, e trazes o pendão ainda
Do Império.

[31]

XII. Prece

01-01-1922

Senhor, a noite veio e a alma é vil.
Tanta foi a tormenta e a vontade!
Restam-nos hoje, no silêncio hostil,
O mar universal e a saudade.

Mas a chama, que a vida em nós criou,
Se ainda há vida ainda não é finda.
O frio morto em cinzas a ocultou:
A mão do vento pode erguê-la ainda.

Dá o sopro, a aragem, — ou desgraça ou ânsia —,
Com que a chama do esforço se remoça,
E outra vez conquistemos a Distância —
Do mar ou outra, mas que seja nossa!

O encoberto

*Pax in excelsis**

I. Os símbolos

[32]

Primeiro / D. Sebastião

Esperai! Caí no areal e na hora adversa
Que Deus concede aos seus
Para o intervalo em que esteja a alma imersa
Em sonhos que são Deus.

Que importa o areal e a morte e a desventura
Se com Deus me guardei?
É O que eu me sonhei que eterno dura,
É Esse que regressarei.

**Pax in excelsis* — expressão em latim: *paz nas alturas*.

[33]

Segundo / O quinto império

21-02-1933

Triste de quem vive em casa,
Contente com o seu lar,
Sem que um sonho, no erguer de asa,
Faça até mais rubra a brasa
Da lareira a abandonar!

Triste de quem é feliz!
Vive porque a vida dura.
Nada na alma lhe diz
Mas que a lição da raiz –
Ter por vida a sepultura.

Eras sobre eras se somem
No tempo que em eras vem.
Ser descontente é ser homem.
Que as forças cegas se domem
Pela visão que a alma tem!

E assim, passados os quatro
Tempos do ser que sonhou,
A terra será teatro
Do dia claro, que no atro
Da erma noite começou.

Grécia, Roma, Cristandade,
Europa — os quatro se vão
Para onde vai toda idade.
Quem vem viver a verdade
Que morreu D. Sebastião?

[34]

Terceiro / O desejado

18-01-1934

Onde quer que, entre sombras e dizeres,
Jazas, remoto, sente-te sonhado,
E ergue-te do fundo de não-seres
Para teu novo fado!

Vem, Galaaz com pátria, erguer de novo,
Mas já no auge da suprema prova,
A alma penitente do teu povo
À Eucaristia Nova.

Mestre da Paz, ergue teu gládio ungido,
Excalibur do Fim, em jeito tal
Que sua Luz ao mundo dividido
Revele o Santo Gral!

[35]

Quarto / As ilhas afortunadas

26-03-1934

Que voz vem no som das ondas
Que não é a voz do mar?
É a voz de alguém que nos fala,
Mas que, se escutarmos, cala,
Por ter havido escutar.

E só se, meio dormindo,
Sem saber de ouvir ouvimos,
Que ela nos diz a esperança
A que, como uma criança
Dormente, a dormir sorrimos.

São ilhas afortunadas,
São terras sem ter lugar,
Onde o Rei mora esperando.
Mas, se vamos despertando,
Cala a voz, e há só o mar.

[36]

Quinto / O encoberto

21-02-1933 / 11-02-1934

Que símbolo fecundo
Vem na aurora ansiosa?
Na Cruz Morta do Mundo
A Vida, que é a Rosa.

Que símbolo divino
Traz o dia já visto?
Na Cruz, que é o Destino,
A Rosa, que é o Cristo.

Que símbolo final
Mostra o sol já desperto?
Na Cruz morta e fatal
A Rosa do Encoberto.

II. Os avisos

[37]

Primeiro / O Bandarra

28-03-1930

Sonhava, anônimo e disperso,
O Império por Deus mesmo visto,
Confuso como o Universo
E plebeu como Jesus Cristo

Não foi nem santo nem herói,
Mas Deus sagrou com Seu sinal
Este, cujo coração foi
Não português mas Portugal.

[38]

Segundo / Antônio Vieira

31-07-1929

O céu estrela o azul e tem grandeza.
Este, que teve a fama e à glória tem,
Imperador da língua portuguesa,
Foi-nos um céu também.

No imenso espaço seu de meditar,
Constelado de forma e de visão,
Surge, prenúncio claro do luar,
El-Rei D. Sebastião.

Mas não, não é luar: é luz e etéreo.
É um dia; e, no céu amplo de desejo,
A madrugada irreal do Quinto Império
Doira as margens do Tejo.

[39]

Terceiro

10-12-1928

Escrevo meu livro à beira-mágoa.
Meu coração não tem que ter.
Tenho meus olhos quentes de água.
Só tu, Senhor, me dás viver.

Só te sentir e te pensar
Meus dias vácuos enche e doura.
Mas quando quererás voltar?
Quando é o Rei? Quando é a Hora?

Quando virás a ser o Cristo
De a quem morreu o falso Deus,
E a despertar do mal que existo
A Nova Terra e os Novos Céus?

Quando virás, ó Encoberto,
Sonho das eras português,
Tornar-me mais que o sopro incerto
De um grande anseio que Deus fez?

Ah, quando quererás, voltando,
Fazer minha esperança amor?
Da névoa e da saudade quando?
Quando, meu Sonho e meu Senhor?

III. Os tempos

[40]

Primeiro / Noite

A nau de um deles tinha-se perdido
No mar indefinido.
O segundo pediu licença ao Rei
De, na fé e na lei
Da descoberta, ir em procura
Do irmão no mar sem fim e a névoa escura.

Tempo foi. Nem primeiro nem segundo
Volveu do fim profundo
Do mar ignoto à pátria por quem dera
O enigma que fizera.
Então o terceiro a El-Rei rogou
Licença de os buscar, e El-Rei negou.

* * *

Como a um cativo, o ouvem a passar
Os servos do solar.
E, quando o vêem, vêem a figura
Da febre e da amargura,
Com fixos olhos rasos de ânsia
Fitando a proibida azul distância.

* * *

Senhor, os dois irmãos do nosso Nome
O Poder e o Renome –
Ambos se foram pelo mar da idade

À tua eternidade;
E com eles de nós se foi
O que faz a alma poder ser de herói,
Queremos ir buscá-los, desta vil
Nossa prisão servil:
É a busca de quem somos, na distância
De nós; e, em febre de ânsia,
A Deus as mãos alçamos.

Mas Deus não dá licença que partamos.

[41]

Segundo / Tormenta

26-02-1934

Que jaz no abismo sob o mar que se ergue?
Nós, Portugal, o poder ser.
Que inquietação do fundo nos soergue?
O desejar poder querer.

Isto, e o mistério de que a noite é o fausto...
Mas súbito, onde o vento ruge,
O relâmpago, farol de Deus, um hausto
Brilha, e o mar escuro estruge.

[42]

Terceiro / Calma

15-02-1934

Que costa é que as ondas contam
E se não pode encontrar
Por mais naus que haja no mar?
O que é que as ondas encontram
E nunca se vê surgindo?
Este som de o mar praiar
Onde é que está existindo?

Ilha próxima e remota,
Que nos ouvidos persiste,
Para a vista não existe.
Que nau, que armada, que frota
Pode encontrar o caminho
À praia onde o mar insiste,
Se à vista o mar é sozinho?

Haverá rasgões no espaço
Que dêem para outro lado,
E que, um deles encontrado,
Aqui, onde há só sargaço,
Surja uma ilha velada,
O país afortunado
Que guarda o Rei desterrado
Em sua vida encantada?

[43]

Quarto / Antemanhã

08-07-1933

O monstrengo que está no fim do mar
Veio das trevas a procurar
A madrugada do novo dia.
Do novo dia sem acabar;
E disse, "Quem é que dorme a lembrar
Que desvendou o Segundo Mundo,
Nem o Terceiro quer desvendar?"

E o som na treva de ele rodar
Faz mau o sono, triste o sonhar,
Rodou e foi-se o monstrengo servo
Que seu senhor veio aqui buscar.
Que veio aqui seu senhor chamar –
Chamar Aquele que está dormindo
E foi outrora Senhor do Mar.

[44]

Quinto / Nevoeiro

10-12-1928

Nem rei nem lei, nem paz nem guerra,
Define com perfil e ser
Este fulgor baço da terra
Que é Portugal a entristecer —
Brilho sem luz e sem arder,
Como o que o fogo-fátuo encerra.

Ninguém sabe que coisa quer.
Ninguém conhece que alma tem,
Nem o que é mal nem o que é bem.
(Que ânsia distante perto chora?)
Tudo é incerto e derradeiro.
Tudo é disperso, nada é inteiro.
Ó Portugal, hoje és nevoeiro...

É a Hora!

Valete, Fratres

Fernando Pessoa — ele mesmo

Ó naus felizes, que do mar vago[1]

Ó naus felizes, que do mar vago
Volveis enfim ao silêncio do porto
Depois de tanto noturno mal —
Meu coração é um morto lago,
E à margem triste do lago morto
Sonha um castelo medieval...

E nesse, onde sonha, castelo triste,
Nem sabe saber a, de mãos formosas
Sem gesto ou cor, triste castelã
Que um porto além rumoroso existe,
Donde as naus negras e silenciosas
Se partem quando é no mar manhã...

Nem sequer sabe que há o, onde sonha,
Castelo triste... Seu espírito monge
Para nada externo é perto e real...
E enquanto ela assim se esquece, tristonha,
Regressam, velas no mar ao longe,
As naus ao porto medieval...

---

[1]Para facilitar a leitura, visto grande número de poesias de Fernando Pessoa não apresentar título, sempre que tal acontece destacamos como se o fosse ao primeiro verso.

Chove? Nenhuma chuva cai...

04-11-1914

Chove ? Nenhuma chuva cai...
Então onde é que eu sinto um dia
Em que o ruído da chuva atrai
A minha inútil agonia,

Onde é que chove, que eu o ouço?
Onde é que é triste, ó claro céu ?
Eu quero sorrir-te, e não posso,
Ó céu azul, chamar-te meu...

E o escuro ruído da chuva
É constante em meu pensamento.
Meu ser é a invisível curva
Traçada pelo som do vento...

E eis que ante o sol e o azul do dia,
Como se a hora me estorvasse,
Eu sofro... E a luz e a sua alegria
Cai aos meus pés como um disfarce.

Ah, na minha alma sempre chove.
Há sempre escuro dentro em mim.
Se escuto, alguém dentro em mim ouve
A chuva, como a voz de um fim...

Quando é que eu serei da tua cor,
Do teu plácido e azul encanto,
Ó claro dia exterior,
Ó céu mais útil que o meu pranto?

Passos da cruz

VII

Fosse eu apenas, não sei onde ou como,
Uma coisa existente sem viver
Noite de Vida sem amanhecer
Entre as sirtes do meu dourado assomo...

Fada maliciosa ou incerto gnomo
Fadado houvesse de não pertencer
Meu intuito gloríola com ter
A árvore do meu uso o único pomo...

Fosse eu uma metáfora somente
Escrita n'algum livro insubsistente
Dum poeta antigo, de alma em outras gamas,

Mas doente, e, num crepúsculo de espadas,
Morrendo entre bandeiras desfraldadas
Na última tarde de um império em chamas...

X

Aconteceu-me do alto do infinito
Esta vida. Através de nevoeiros,
Do meu próprio ermo ser fumos primeiros,
Vim ganhando, e através estranhos ritos

De sombras e luz ocasional, e gritos
Vagos ao longe, e assomos passageiros
De saudade incógnita, luzeiros
De divino, este ser fosco e proscrito...

Caiu chuva em passados que fui eu...
Houve planícies de céu baixo e neve
N'alguma coisa de alma do que é meu.

Narrei-me à sombra e não me achei sentido.
Hoje sei-me o deserto onde Deus teve
Outrora a sua capital de olvido...

XII

Ela ia, tranqüila pastorinha,
Pela estrada da minha imperfeição.
Seguia-a, como um gesto de perdão,
O seu rebanho, a saudade minha...

"Em longas terras hás de ser rainha"
Um dia lhe disseram, mas em vão...
Seu vulto perde-se na escuridão...
Só sua sombra ante meus pés caminha...

Deus te dê lírios em vez desta hora,
E em terras longe do que eu hoje sinto
Serás, rainha não, mas só pastora —

Só sempre a mesma pastorinha a ir,
E eu serei teu regresso, esse indistinto
Abismo entre o meu sonho e o meu porvir...

XIII

Emissário dum rei desconhecido,
Eu cumpro informes instruções de além,
E as bruscas frases que aos meus lábios vêm
Soam-me a um outro e anômalo sentido...

Inconscientemente me divido
Entre mim e a missão que o meu ser tem,
E a glória do meu Rei dá-me o desdém
Por este humano povo entre quem lido...

Não sei se existe o Rei que me mandou.
Minha missão será eu a esquecer,
Meu orgulho o deserto em que em mim estou...

Mas ah! eu sinto-me altas tradições
De antes de tempo e espaço e vida e ser...
Já viram Deus as minhas sensações...

Súbita mão de algum fantasma oculto

14-03-1917

Súbita mão de algum fantasma oculto
Entre as dobras da noite e do meu sono
Sacode-me e eu acordo, e no abandono
Da noite não enxergo gesto ou vulto.

Mas um terror antigo, que insepulto
Trago no coração, como de um trono
Desce e se afirma meu senhor e dono
Sem ordem, sem meneio e sem insulto.

E eu sinto a minha vida de repente
Presa por uma corda de Inconsciente
A qualquer mão noturna que me guia.

Sinto que sou ninguém salvo uma sombra
De um vulto que não vejo e que me assombra,
E em nada existo como a treva fria.

Intervalo

Quem te disse ao ouvido esse segredo
Que raras deusas têm escutado —
Aquele amor cheio de crença e medo
Que é verdadeiro só se é segredado?...
Quem to disse tão cedo?

Não fui eu, que te não ousei dizê-lo.
Não foi um outro, porque o não sabia.
Mas quem roçou da testa teu cabelo
E te disse ao ouvido o que sentia?
Seria alguém, seria?

Ou foi só que o sonhaste e eu te o sonhei?
Foi só qualquer ciúme meu de ti
Que o supôs dito, porque o não direi,
Que o supôs feito, porque o só fingi
Em sonhos que nem sei?

Seja o que for, quem foi que levemente,
Ao teu ouvido vagamente atento,
Te falou desse amor em mim presente
Mas que não passa do meu pensamento
Que anseia e que não sente?

Foi um desejo que, sem corpo ou boca,
A teus ouvidos de eu sonhar-te disse
A frase eterna, imerecida e louca —
A que as deusas esperam da ledice
Com que o Olimpo se apouca.

Onde pus a esperança

16-02-1920

Onde pus a esperança, as rosas
Murcharam logo.
Na casa, onde fui habitar,
O jardim, que eu amei por ser
Ali o melhor lugar,
E por quem essa casa amei —
Deserto o achei,
E, quando o tive, sem razão para o ter.

Onde pus a afeição, secou
A fonte logo.
Da floresta, que fui buscar
Por essa fonte ali tecer
Seu canto de rezar —
Quando na sombra penetrei,
Só o lugar achei
Da fonte seca, inútil de se ter.

Para que, pois, afeição, esperança,
Se perco, logo
Que as uso, a causa para as usar,
Se tê-las sabe a não as ter?
Crer ou amar —
Até à raiz, do peito onde alberguei
Tais sonhos e os gozei,
O vento arranque e leve onde quiser
E eu os não possa achar!

Natal

Nasce um deus. Outros morrem. A Verdade
Nem veio nem se foi: o Erro mudou.
Temos agora uma outra Eternidade,
E era sempre melhor o que passou.

Cega, a Ciência a inútil gleba lavra.
Louca, a Fé vive o sonho do seu culto.
Um novo deus é só uma palavra.
Não procures nem creias: tudo é oculto.

Canção

Silfos ou gnomos tocam?...
Roçam nos pinheirais
Sombras e bafos leves
De ritmos musicais.

Ondulam como em voltas
De estradas não sei onde,
Ou como alguém que entre árvores
Ora se mostra ou esconde.

Forma longínqua e incerta
Do que eu nunca terei...
Mal ouço, e quase choro.
Por que choro não sei.

Tão tênue melodia
Que mal sei se ela existe
Ou se é só o crepúsculo,
Os pinhais e eu estar triste.

Mas cessa, como uma brisa
Esquece a forma aos seus ais;
E agora não há mais música
Do que a dos pinheirais.

Leve, breve, suave

Leve, breve, suave,
Um canto de ave
Sobe no ar com que principia
O dia.
Escuto, e passou...
Parece que foi só porque escutei
Que parou.

Nunca, nunca, em nada,
Raie a madrugada,
Ou esplenda o dia, ou doire no declive,
Tive
Prazer a durar
Mais do que o nada, a perda, antes de eu o ir
Gozar.

Pobre velha música!

Pobre velha música!
Não sei por que agrado,
Enche-se de lágrimas
Meu olhar parado.

Recordo outro ouvir-te.
Não sei se te ouvi
Nessa minha infância
Que me lembra em ti.

Com que ânsia tão raiva
Quero aquele outrora!
E eu era feliz! Não sei:
Fui-o outrora agora.

Sol nulo dos dias vãos

Sol nulo dos dias vãos,
Cheios de lida e de calma,
Aquece ao menos as mãos
A quem não entras na alma!

Que ao menos a mão, roçando
A mão que por ela passe,
Com externo calor brando
O frio da alma disfarce!

Senhor, já que a dor é nossa
E a fraqueza que ela tem,
Dá-nos ao menos a força
De a não mostrar a ninguém!

Trila na noite uma flauta

Trila na noite uma flauta. É de algum
Pastor? Que importa? Perdida
Série de notas vagas e sem sentido nenhum,
Como a vida.

Sem nexo ou princípio ou fim ondeia
A ária alada.
Pobre ária fora de música e de voz, tão cheia
De não ser nada!

Não há nexo ou fio por que se lembre aquela
Ária, ao parar;
E já ao ouvi-la sofro a saudade dela
E o quando cessar.

Manhã dos outros!

Manhã dos outros! Ó sol que dás confiança
Só a quem já confia!
É só à dormente, e não à morta, esperança
Que acorda o teu dia.

A quem sonha de dia e sonha de noite, sabendo
Todo o sonho vão,
Mas sonha sempre, só para sentir-se vivendo
E a ter coração,

A esses raias sem o dia que trazes, ou somente
Como alguém que vem
Pela rua, invisível ao nosso olhar consciente,
Por não ser-nos ninguém.

Dorme sobre o meu seio

Dorme sobre o meu seio,
Sonhando de sonhar...
No teu olhar eu leio
Um lúbrico vagar.
Dorme no sonho de existir
E na ilusão de amar.

Tudo é nada, e tudo
Um sonho finge ser.
O espaço negro é mudo.
Dorme, e, ao adormecer,
Saibas do coração sorrir
Sorrisos de esquecer.

Dorme sobre o meu seio,
Sem mágoa nem amor...
No teu olhar eu leio
O íntimo torpor
De quem conhece o nada-ser
De vida e gozo e dor.

Ao longe, ao luar

Ao longe, ao luar,
No rio uma vela,
Serena a passar,
Que é que me revela?

Não sei, mas meu ser
Tornou-se-me estranho,
E eu sonho sem ver
Os sonhos que tenho.

Que angústia me enlaça?
Que amor não se explica?
É a vela que passa
Na noite que fica.

Ela canta, pobre ceifeira

Ela canta, pobre ceifeira,
Julgando-se feliz talvez;
Canta, e ceifa, e a sua voz, cheia
De alegre e anônima viuvez,

Ondula como um canto de ave
No ar limpo como um limiar,
E há curvas no enredo suave
Do som que ela tem a cantar.

Ouvi-la alegra e entristece,
Na sua voz há o campo e a lida
E canta como se tivesse
Mais razões para cantar que a vida.

Ah, canta, canta sem razão!
O que em mim sente está pensando.
Derrama no meu coração
A tua incerta voz ondeando!

Ah, poder ser tu, sendo eu!
Ter a tua alegre inconsciência,
E a consciência disso! Ó céu!
Ó campo! Ó canção! A ciência

Pesa tanto e a vida é tão breve!
Entrai por mim dentro! Tornai
Minha alma a vossa sombra leve!
Depois, levando-me, passai!

O menino da sua mãe

No plaino abandonado
Que a morna brisa aquece,
De balas traspassado —
Duas, de lado a lado —,
Jaz morto, e arrefece.

Rala-lhe a farda o sangue.
De braços estendidos,
Alvo, louro, exangue,
Fita com olhar langue
E cego os céus perdidos.

Tão jovem! que jovem era!
(Agora que idade tem?)
Filho único, a mãe lhe dera
Um nome e o mantivera:
"O menino da sua mãe "

Caiu-lhe da algibeira
A cigarreira breve.
Dera-lhe a mãe. Está inteira
E boa a cigarreira,
Ele é que já não serve.

De outra algibeira, alada
Ponta a rogar o solo,
A brancura embainhada
De um lenço...
Deu-lho a criada
Velha que o trouxe ao colo.

Lá longe, em casa, há a prece:
"Que volte cedo, e bem!"
(Malhas que o Império tece!)
Jaz morto e apodrece
O menino da sua mãe.

Marinha

Ditosos a quem acena
Um lenço de despedida!
São felizes: têm pena...
Eu sofro sem pena a vida.

Dôo-me até onde penso,
E a dor é já de pensar,
Órfão de um sonho suspenso
Pela maré a vazar...

E sobe até mim, já farto
De improfícuas agonias,
No cais de onde nunca parto,
A maresia dos dias.

Qualquer música...

Qualquer música, ah, qualquer,
Logo que me tire da alma
Esta incerteza que quer
Qualquer impossível calma!

Qualquer música — guitarra,
Viola, harmônio, realejo...
Um canto que se desgarra...
Um sonho em que nada vejo...

Qualquer coisa que não vida!
Jota, fado, a confusão
Da última dança vivida...
Que eu não sinta o coração!

Depois da feira

Vão vagos pela estrada,
Cantando sem razão
A última esperança dada
A última ilusão.
Não significam nada.
Mimos e bobos são.

Vão juntos e diversos
Sob um luar de ver,
Em que sonhos imersos
Nem saberão dizer,
E cantam aqueles versos
Que lembram sem querer.

Pagens de um morto mito,
Tão líricos!, tão sós!,
Não têm na voz um grito,
Mal têm a própria voz;
E ignora-os o infinito
Que nos ignora a nós.

Natal

Natal... Na província neva.
Nos lares aconchegados,
Um sentimento conserva
Os sentimentos passados.

Coração oposto ao mundo,
Como a família é verdade!
Meu pensamento é profundo,
Estou só e sonho saudade.

E como é branca de graça
A paisagem que não sei,
Vista de trás da vidraça
Do lar que nunca terei!

Tenho dó das estrelas

Tenho dó das estrelas
Luzindo há tanto tempo,
Há tanto tempo...
Tenho dó delas.

Não haverá um cansaço
Das coisas,
De todas as coisas,
Como das pernas ou de um braço,

Um cansaço de existir,
De ser.
Só de ser.
O ser triste brilhar ou sorrir...

Não haverá, enfim,
Para as coisas que são,
Não a morte, mas sim,
Uma outra espécie de fim,
Ou uma grande razão —
Qualquer coisa assim
Como um perdão?

Aqui na orla da praia

10-08-1929

Aqui na orla da praia, mudo e contente do mar,
Sem nada já que me atraia, nem nada que desejar,
Farei um sonho, terei meu dia, fecharei a vida,
E nunca terei agonia, pois dormirei de seguida.

A vida é como uma sombra que passa por sobre um rio
Ou como um passo na alfombra de um quarto que jaz vazio;
O amor é um sono que chega para o pouco ser que se é;
A glória concede e nega; não tem verdades a fé.

Por isso na orla morena da praia calada e só
Tenho a alma feita pequena, livre de mágoa e de dó,
Sonho sem quase já ser, perco sem nunca ter tido,
E comecei a morrer muito antes de ter vivido.

Dêem-me, onde aqui jazo, só uma brisa que passe,
Não quero nada do acaso, senão a brisa na face;
Dêem-me um vago amor de quanto nunca terei,
Não quero gozo nem dor, não quero vida nem lei.

Só, no silêncio cercado pelo som brusco do mar,
Quero dormir sossegado, sem nada que desejar,
Quero dormir na distância de um ser que nunca foi seu,
Tocado do ar sem fragrância da brisa de qualquer céu.

Contemplo o lago mudo

14-08-1930

Contemplo o lago mudo
Que uma brisa estremece,
Não sei se penso em tudo
Ou se tudo me esquece.

O lago nada me diz,
Não sinto a brisa mexê-lo.
Não sei se sou feliz
Nem se desejo sê-lo.

Trêmulos vincos risonhos
Na água adormecida.
Por que fiz eu dos sonhos
A minha única vida?

Dá a surpresa de ser

10-09-1930

Dá a surpresa de ser.
É alta, de um louro escuro.
Faz bem só pensar em ver
Seu corpo meio maduro.

Seus seios altos parecem
(Se ela estivesse deitada)
Dois montinhos que amanhecem
Sem ter que haver madrugada.

E a mão do seu braço branco
Assenta em palmo espalhado
Sobre a saliência do flanco
Do seu relevo tapado.

Apetece como um barco.
Tem qualquer coisa de gomo.
Meu Deus, quando é que eu embarco?
Ó fome, quando é que eu como?

Não: não digas nada!

5/6-02-1931

Não: não digas nada!
Supor o que dirá
A tua boca velada
É ouvi-lo já.

É ouvi-lo melhor
Do que o dirias.
O que és não vem à flor
Das frases e dos dias.

És melhor do que tu.
Não digas nada: sê!
Graça do corpo nu
Que invisível se vê.

O andaime

O tempo que eu hei sonhado
Quantos anos foi de vida!
Ah, quanto do meu passado
Foi só a vida mentida
De um futuro imaginado!

Aqui à beira do rio
Sossego sem ter razão.
Este seu correr vazio
Figura, anônimo e frio,
A vida vivida em vão.

A esperança que pouco alcança!
Que desejo vale o ensejo?
E uma bola de criança
Sobe mais que a minha esperança.
Rola mais que o meu desejo.

Ondas do rio, tão leves
Que não sois ondas sequer,
Horas, dias, anos, breves
Passam — verduras ou neves
Que o mesmo sol faz morrer.

Gastei tudo que não tinha.
Sou mais velho do que sou.
A ilusão, que me mantinha,
Só no palco era rainha:
Despiu-se, e o reino acabou.

Leve som das águas lentas,
Gulosas da margem ida,
Que lembranças sonolentas
De esperanças nevoentas!
Que sonhos o sonho e a vida!

Que fiz de mim? Encontrei-me
Quando estava já perdido,
Impaciente deixei-me
Como a um louco que teime
No que lhe foi desmentido.

Som morto das águas mansas
Que correm por ter que ser.
Leva não só as lembranças,
Mas as mortas esperanças —
Mortas, porque hão de morrer.

Sou já o morto futuro.
Só um sonho me liga a mim —
O sonho atrasado e obscuro
Do que eu devera ser — muro
Do meu deserto jardim.

Ondas passadas, levai-me
Para o olvido do mar!
Ao que não serei legai-me,
Que cerquei com um andaime
A casa por fabricar.

Hoje que a tarde é calma

01-08-1931

Hoje que a tarde é calma e o céu tranqüilo,
E a noite chega sem que eu saiba bem,
Quero considerar-me e ver aquilo
Que sou, e o que sou o que é que tem.

Olho por todo o meu passado e vejo
Que fui quem foi aquilo em torno meu,
Salvo o que o vago e incógnito desejo
De ser eu mesmo de meu ser me deu.

Como a páginas já relidas, vergo
Minha atenção sobre quem fui de mim,
E nada de verdade em mim albergo
Salvo uma ânsia sem princípio ou fim.

Como alguém distraído na viagem,
Segui por dois caminhos par a par.
Fui como o mundo, parte da paisagem;
Comigo fui, sem ver nem recordar.

Chegado aqui, onde hoje estou, conheço
Que sou diverso no que informe estou.
No meu próprio caminho me atravesso.
Não conheço quem fui no que hoje sou.

Serei eu, porque nada é impossível,
Vários trazidos de outros mundos, e
No mesmo ponto espacial sensível
Que sou eu, sendo eu por estar aqui?

Serei eu, porque todo o pensamento
Podendo conceber, bem pode ser,
Um dilatado e múrmuro momento,
De tempos-seres de quem sou o viver?

Autopsicografia

O poeta é um fingidor.
Finge tão completamente
Que chega a fingir que é dor
A dor que deveras sente.

E os que lêem o que escreve,
Na dor lida sentem bem,
Não as duas que ele teve,
Mas só a que eles não têm.

E assim nas calhas de roda
Gira, a entreter a razão,
Esse comboio de corda
Que se chama o coração.

Não sei se é sonho

30-08-1933

Não sei se é sonho, se realidade,
Se uma mistura de sonho e vida,
Aquela terra de suavidade
Que na ilha extrema do sul se olvida.
É a que ansiamos. Ali, ali
A vida é jovem e o amor sorri.

Talvez palmares inexistentes,
Áleas longínquas sem poder ser.
Sombra ou sossego dêem aos crentes
De que essa terra se pode ter.
Felizes, nós? Ah, talvez, talvez,
Naquela terra, daquela vez.

Mas já sonhada se desvirtua,
Só de pensá-la cansou pensar,
Sob os palmares, à luz da lua,
Sente-se o frio de haver luar.
Ah, nessa terra também, também
O mal não cessa, não dura o bem.

Não é com ilhas do fim do mundo,
Nem com palmares de sonho ou não,
Que cura a alma seu mal profundo,
Que o bem nos entra no coração.
É em nós que é tudo. É ali, ali,
Que a vida é jovem e o amor sorri.

Montes, e a paz que há neles

09-05-1934

Montes, e a paz que há neles, pois são longe...
Paisagens, isto é, ninguém...
Tenho a alma feita para ser de um monge
Mas não me sinto bem.

Se eu fosse outro, fora outro. Assim
Aceito o que me dão,
Como quem espreita para um jardim
Onde os outros estão.

Que outros? Não sei. Há no sossego incerto
Uma paz que não há,
E eu fito sem o ler o livro aberto
Que nunca mo dirá...

Onda que, enrolada, tornas

09-05-1934

Onda que, enrolada, tornas,
Pequena, ao mar que te trouxe
E ao recuar te transtornas
Como se o mar nada fosse,

Por que é que levas contigo
Só a tua cessação,
E, ao voltar ao mar antigo,
Não levas meu coração?

Há tanto tempo que o tenho
Que me pesa de o sentir.
Leva-o no som sem tamanho
Com que te ouço fugir!

No túmulo de Christian Rosencreutz

Não tínhamos ainda visto o cadáver de nosso Pai prudente e sábio. Por isso afastamos para um lado o altar. Então pudemos levantar uma chapa forte de metal amarelo, e ali estava um belo corpo célebre, inteiro e incorruto..., e tinha na mão um pequeno livro em pergaminho, escrito a ouro, intitulado T., que é, depois da Bíblia, o nosso mais alto tesouro, nem deve ser facilmente submetido à censura do mundo.

Fama Fraternidade Roseæ Crucis

I

Quando, despertos deste sono, a vida,
Soubermos o que somos, e o que foi
Essa queda até Corpo, essa descida
Até à Noite que nos a Alma obstrui,

Conheceremos pois toda a escondida
Verdade do que é tudo que há ou flui?
Não: nem na Alma livre é conhecida...
Nem Deus, que nos criou, em Si a inclui.

Deus é o Homem de outro Deus maior:
Adão Supremo, também teve Queda;
Também, como foi nosso Criador,

Foi criado, e a Verdade lhe morreu...
De além o Abismo, Sprito Seu, Lha veda;
Aquém não a há no Mundo, Corpo Seu.

II

Mas antes era o Verbo, aqui perdido
Quando a Infinita Luz, já apagada,
Do Caos, chão do Ser, foi levantada
Em Sombra, e o Verbo ausente escurecido.

Liberdade

16-03-1935

Ai que prazer
Não cumprir um dever,
Ter um livro para ler
E não o fazer!
Ler é maçada,
Estudar é nada,
O sol doira
Sem literatura.
O rio corre, bem ou mal,
Sem edição original.
E a brisa, essa,
De tão naturalmente matinal,
Como tem tempo não tem pressa...

Livros são papéis pintados com tinta.
Estudar é uma coisa em que está indistinta
A distinção entre nada e coisa nenhuma.

Quanto é melhor, quando há bruma,
Esperar por D. Sebastião,
Quer venha ou não!

Grande é a poesia, a bondade e as danças...
Mas o melhor do mundo são as crianças,
Flores, música, o luar, e o sol, que peca
Só quando, em vez de criar, seca.

O mais que isto
É Jesus Cristo,
Que não sabia nada de finanças
Nem consta que tivesse biblioteca...

Poesias inéditas

Dolora

19-11-1908

Dantes quão ledo afetava
Uma atroz melancolia!
Poeta triste ser queria
E por não chorar chorava.

Depois, tive que encontrar
A vida rígida e má.
Triste então chorava já
Porque tinha que chorar.

Num desolado alvoroço
Mais que triste não me ignoro.
Hoje em dia apenas choro
Porque já chorar não posso.

Mas eu, fechado no meu sonho

Mas eu, fechado no meu sonho,
Parado enigma, e, sem querer,
Inutilmente recomponho
Visões do que não puder ser.

Cadáver da vontade feita,
Mito real, sonho a sentir,
Seqüência interrompida, eleita
Para o destino de partir.

Mas presa à inércia angustiada
De não saber a direção,
E ficar morto na erma estrada
Que vai da alma ao coração.

Hora própria, nunca venhas,
Que olhar talvez fosse pior...
E tu, sol claro que me banhas,
Ah, banha sempre o meu torpor!

Presságio

10-4-1927

Vinham, louras, de preto
Ondeando até mim
Pelo jardim secreto
Na véspera do fim.

Nos olhos toucas tinham
Reflexos de um jardim
Que não o por onde vinham
Na véspera do fim.

Mas passam... Nunca me viram
E eu quanto sonhei afim
A essas que se partiram
Na véspera do fim.

Nova ilusão

06-11-1909

No rarear dos deuses e dos mitos
Deuses antigos, vós ressuscitais
Sob a forma longínqua de ideais
Aos enganados olhos sempre aflitos.

Do que vós concebeis mais circunscritos,
Desdenhais a alma exterior dos ritos
E o sentimento que os gerou guardais.

Lá para além dos seres, ao profundo
Meditar, surge; grande e impotente
O sentimento da ilusão do mundo.

Os falsos ideais do Aparente
Não o atingem — único final
Neste entenebrecer universal.

Eu

24-9-1923

Sou louco e tenho por memória
Uma longínqua e infiel lembrança
De qualquer dita transitória
Que sonhei ter quando criança.

Depois, malograda trajetória
Do meu destino sem esperança,
Perdi, na névoa da noite inglória,
O saber e o ousar da aliança.

Só guardo como um anel pobre
Que a todo o herdado só faz rico
Um frio perdido que me cobre

Como um céu dossel de mendigo,
Na curva inútil em que fico
Da estrada certa que não sigo.

Alberto Caeiro

De *O Guardador de Rebanhos*

(1911-1912)

V

Há metafísica bastante em não pensar em nada.

O que penso eu do mundo?
Sei lá o que penso do mundo!
Se eu adoecesse pensaria nisso.

Que idéia tenho eu das coisas?
Que opinião tenho sobre as causas e os efeitos?
Que tenho eu meditado sobre Deus e a alma
E sobre a criação do mundo?
Não sei. Para mim pensar nisso é fechar os olhos
E não pensar. É correr as cortinas
Da minha janela (mas ela não tem cortinas).

O mistério das coisas? Sei lá o que é mistério!
O único mistério é haver quem pense no mistério.
Quem está ao sol e fecha os olhos,
Começa a não saber o que é o sol,
E a pensar muitas coisas cheias de calor.
Mas abre os olhos e vê o sol,
E já não pode pensar em nada,
Porque a luz do sol vale mais que os pensamentos
De todos os filósofos e de todos os poetas.
A luz do sol não sabe o que faz

E por isso não erra e é comum e boa.
Metafísica! Que metafísica têm aquelas árvores?
A de serem verdes e copadas e de terem ramos
E a de dar fruto na sua hora, o que não nos faz pensar,
A nós, que não sabemos dar por elas.
Mas que melhor metafísica que a delas,
Que é a de não saber para que vivem
Nem saber que o não sabem?

"Constituição íntima das coisas..."
"Sentido íntimo do universo..."
Tudo isto é falso, tudo isto não quer dizer nada.
É incrível que se possa pensar em coisas dessas.
É como pensar em razões e fins
Quando o começo da manhã está raiando, e pelos
[lados das árvores
Um vago ouro lustroso vai perdendo a escuridão.

Pensar no sentido íntimo das coisas
É acrescentado, como pensar na saúde
Ou levar um copo à água das fontes.

O único sentido íntimo das coisas
É elas não terem sentido íntimo nenhum.

Não acredito em Deus porque nunca o vi.
Se ele quisesse que eu acreditasse nele,
Sem dúvida que viria falar comigo
E entraria pela minha porta dentro
Dizendo-me, *Aqui estou!*

(Isto é talvez ridículo aos ouvidos
De quem, por não saber o que é olhar para as coisas,
Não compreende quem fala delas
Com o modo de falar que reparar para elas ensina.)

Mas se Deus é as flores e as árvores
E os montes e sol e o luar,
Então acredito nele,
Então acredito nele a toda a hora,
E a minha vida é toda uma oração e uma missa,
E uma comunhão com os olhos e pelos ouvidos.
Mas se Deus é as árvores e as flores
E os montes e o luar e o sol,
Para que lhe chamo eu Deus?
Chamo-lhe flores e árvores e montes e sol e luar;
Porque, se ele se fez para eu o ver,
Sol e luar e flores e árvores e montes,
Se ele me aparece como sendo árvores e montes
E luar e sol e flores,
É que ele quer que eu o conheça
Como árvores e montes e flores e luar e sol.
E por isso eu obedeço-lhe,
(Que mais sei eu de Deus que Deus de si próprio?),
Obedeço-lhe a viver, espontaneamente,
Como quem abre os olhos e vê,
E chamo-lhe luar e sol e flores e árvores e montes,
E amo-o sem pensar nele,
E penso-o vendo e ouvindo,
E ando com ele a toda a hora.

XX

O Tejo é mais belo que o rio que corre pela minha
aldeia,
Mas o Tejo não é mais belo que o rio que corre pela
minha aldeia
Porque o Tejo não é o rio que corre pela minha aldeia.
O Tejo tem grandes navios
E navega nele ainda,
Para aqueles que vêem em tudo o que lá não está,

A memória das naus.

O Tejo desce de Espanha
E o Tejo entra no mar em Portugal.
Toda a gente sabe isso.
Mas poucos sabem qual é o rio da minha aldeia
E para onde ele vai
E donde ele vem.
E por isso, porque pertence a menos gente,
É mais livre e maior o rio da minha aldeia.

Pelo Tejo vai-se para o mundo.
Para além do Tejo há a América
E a fortuna daqueles que a encontram.
Ninguém nunca pensou no que há para além
Do rio da minha aldeia.

O rio da minha aldeia não faz pensar em nada.
Quem está ao pé dele está só ao pé dele.

XXXII

Ontem à tarde um homem das cidades
Falava à porta da estalagem
Falava comigo também.
Falava da justiça e da luta para haver justiça
E dos operários que sofrem,
E do trabalho constante, e dos que têm fome,
E dos ricos, que só têm costas para isso.

E, olhando para mim viu-me lágrimas nos olhos
E sorriu com agrado, julgando que eu sentia
O ódio que ele sentia, e a compaixão
Que ele dizia que sentia.
(Mas eu mal o estava ouvindo.

Que me importa a mim os homens
E o que sofrem ou supõem que sofrem,
Sejam como eu — não sofrerão,
Todo o mal do mundo vem de nos importarmos uns
com os outros,
Quer para fazer bem, quer para fazer mal.
A nossa alma e o céu e a terra bastam-nos.
Querer mais é perder isto, e ser infeliz.)

Eu no que estava pensando
Quando o amigo de gente falava
(E isso me comoveu até às lágrimas),
Era em como o murmúrio longínquo dos chocalhos
A esse entardecer
Não parecia os sinos duma capela pequenina
A quem fossem à missa as flores e os regatos
E as almas simples como a minha.

(Louvado seja Deus que não sou bom,
E tenho o egoísmo natural das flores
E dos rios que seguem o seu caminho
Preocupados sem o saber
Só com florir e ir correndo.
É essa a única missão no mundo,
Essa — existir claramente,
E saber fazê-lo sem pensar nisso.)

E o homem calara-se, olhando o poente.
Mas que tem com o poente quem odeia e ama?

XXXIX

O mistério das coisas, onde está ele?
Onde está ele que não aparece
Pelo menos a mostrar-nos que é mistério?

Que sabe o rio disso e que sabe a árvore?
E eu, que não sou mais do que eles, que sei disso?
Sempre que olho para as coisas e penso no que os
homens pensam delas,
Rio como um regato que soa fresco numa pedra.

Porque o único sentido oculto das coisas
É elas não terem sentido oculto nenhum
É mais estranho do que todas as estranhezas
E de que os sonhos de todos os poetas
E os pensamentos de todos os filósofos,
Que as coisas sejam realmente o que parecem ser
E não haja nada que compreender.

Sim, eis o que os meus sentidos aprenderam sozinhos:
As coisas não têm significação; têm existência.
As coisas são o único sentido oculto das coisas.

XLVI

Deste modo ou daquele modo,
Conforme calha ou não calha,
Podendo às vezes dizer o que penso,
E outras vezes dizendo-o mal e com misturas,
Vou escrevendo os meus versos sem querer,
Como se escrever não fosse uma coisa feita de gestos,
Como se escrever fosse uma coisa que me acontecesse
Como dar-me o sol de fora.

Procuro dizer o que sinto
Sem pensar em que o sinto.
Procuro encostar as palavras à idéia
E não precisar dum corredor
Do pensamento para as palavras.
Nem sempre consigo sentir o que sei que devo sentir.

O meu pensamento só muito devagar atravessa o rio
a nado
Porque lhe pesa o fato que os homens o fizeram usar.

Procuro despir-me do que aprendi,
Procuro esquecer-me do modo de lembrar que me
ensinaram,
E raspar a tinta com que me pintaram os sentidos,
Desencaixotar as minhas emoções verdadeiras,
Desembrulhar-me e Ser eu, não Alberto Caeiro,
Mas um animal humano que a Natureza produziu.

E assim escrevo, querendo sentir a Natureza, nem
sequer como um homem,
Mas como quem sente a Natureza, e mais nada.
E assim escrevo, ora bem, ora mal,
Ora acertando com o que quero dizer, ora errando,
Caindo aqui, levantando-me acolá,
Mas indo sempre no meu caminho como um cego
teimoso.

Ainda assim sou alguém.
Sou o Descobridor da Natureza.
Sou o Argonauta das sensações verdadeiras.
Trago ao Universo um novo Universo
Porque trago ao Universo ele próprio.

Isto sinto e isto escrevo
Perfeitamente sabedor e sem que não veja
Que são cinco horas do amanhecer
E que o sol, que ainda não mostrou a cabeça

Por cima do muro do horizonte,
Ainda assim já se lhe vêem as pontas dos dedos
Agarrando o cimo do muro
Do horizonte cheio de montes baixos.

XLVIII

Da mais alta janela da minha casa
Com um lenço branco digo adeus
Aos meus versos que partem para a humanidade.

E não estou alegre nem triste.
Esse é o destino dos versos.
Escrevi-os e devo mostrá-los a todos
Porque não posso fazer o contrário
Como a flor não pode esconder a cor,
Nem o rio esconder que corre,
Nem a árvore esconder que dá fruto.

Ei-los que vão já longe como que na diligência
E eu nem sequer sinto pena
Como uma dor no corpo.

Quem sabe quem os lerá?
Quem sabe a que mãos irão?
Flor, colheu-me o meu destino para os olhos.
Árvore, arrancaram-me os frutos para as bocas.
Rio, o destino da minha água era não ficar em mim.
Submeto-me e sinto-me quase alegre,
Quase alegre como quem se cansa de estar triste.

Ide, ide de mim!
Passa a árvore e fica dispersa pela Natureza.
Murcha a flor e o seu pó dura sempre.
Corre o rio e entra no mar e a sua água é sempre a que foi sua.

Passo e fico, como o Universo.

XLLX

Meto-me para dentro, e fecho a janela.
Trazem o candeeiro e dão as boas-noites,
E a minha voz contente dá as boas-noites.
Oxalá a minha vida seja sempre isto:
O dia cheio de sol, ou suave de chuva,
Ou tempestuoso como se acabasse o mundo,
A tarde suave e os ranchos que passam
Fitados com interesse da janela,
O último olhar amigo dado ao sossego das árvores,
E depois, fechada a janela, o candeeiro aceso,
Sem ler nada, nem pensar em nada, nem dormir,
Sentir a vida correr por mim como um rio por seu leito,
E lá fora um grande silêncio como um deus que dorme.

O penúltimo poema

Também sei fazer conjeturas.
Há em cada coisa aquilo que ela é que a anima.
Na planta está por fora e é uma ninfa pequena.
No animal é um ser interior longínquo.
No homem é a alma que vive com ele e é já ele.
Nos deuses tem o mesmo tamanho
E o mesmo espaço que o corpo
E é a mesma coisa que o corpo
Por isso se diz que os deuses nunca morrem.
Por isso os deuses não têm corpo e alma
Mas só corpo e são perfeitos.
O corpo é que lhes é a alma
E têm a consciência na própria carne divina.

Ricardo Reis

Odes

Do *Livro Primeiro*

I

Seguro assento na coluna firme
        Dos versos em que fico,
Nem temo o influxo inúmero futuro
        Dos tempos e do olvido;
Que a mente, quando, fixa, em si contempla
        Os reflexos do mundo,
Deles se plasma torna, e à arte o mundo
        Cria, que não a mente.
Assim na placa o externo instante grava
        Seu ser, durando nela.

II

As rosas amo dos jardins de Adônis,
Essas vólucres amo, Lídia, rosas,
        Que em o dia em que nascem,
        Em esse dia morrem.
A luz para elas é eterna, porque
Nascem nascido já o sol, e acabam
        Antes que Apolo deixe
        O seu curso visível.
Assim façamos nossa vida *um dia.*

Inscientes, Lídia, voluntariamente
Que há noite antes e após
O pouco que duramos.

VII

Ponho na altiva mente o fixo esforço
Da altura, e à sorte deixo
E a suas leis, o verso;
Que, quando é alto e régio o pensamento,
Súbdita a frase o busca
E o escravo ritmo o serve.

VIII

Quão breve tempo é a mais longa vida
E a juventude nela! Ah Cloe, Cloe,
Se não amo, nem bebo,
Nem sem querer não penso,
Pesa-me a lei inimplorável, dói-me
A hora ínvita, o tempo que não cessa,
E aos ouvidos me sobe
Dos juncos o ruído
Na oculta margem onde os lírios frios
Da ínfera leiva crescem, e a corrente
Não sabe onde é o dia,
Sussurro gemebundo.

IX

Coroai-me de rosas,
Coroai-me em verdade
De rosas —

Rosas que se apagam
Em fronte a apagar-se
Tão cedo!
Coroai-me de rosas
E de folhas breves.
E basta.

X

Melhor destino que o de conhecer-se
Não frui quem mente frui. Antes, sabendo,
Ser nada, que ignorando:
Nada dentro de nada.
Se não houver em mim poder que vença
As parcas três e as moles do futuro,
Já me dêem os deuses
O poder de sabê-lo;
E a beleza, incriável por meu sestro,
Eu goze externa e dada, repetida
Em meus passivos olhos,
Lagos que a morte seca.

XII

A flor que és, não a que dás, eu quero.
Porque me negas o que te não peço.
Tempo há para negares
Depois de teres dado.
Flor, sê-me flor! Se te colher avaro
A mão da infausta esfinge, tu perene
Sombra errarás absurda,
Buscando o que não deste.

XIX

Prazer, mas devagar,
Lídia, que a sorte àqueles não é grata
Que lhe das mãos arrancam.
Furtivos retiremos do horto mundo
Os depredados pomos.
Não despertemos, onde dorme a Erínis
Que cada gozo trava.
Como um regato, modos passageiros,
Gozemos escondidos.
A sorte inveja, Lídia. Emudeçamos.

Outras odes

Não só vinho, mas nele o olvido, deito
Na taça: serei ledo, porque a dita
É ignara. Quem, lembrando
Ou prevendo, sorrira?
Dos brutos, não a vida, senão a alma,
Consigamos, pensando; recolhidos
No impalpável destino
Que não espera nem lembra.
Com mão mortal elevo à mortal boca
Em frágil taça o passageiro vinho,
Baços os olhos feitos
Para deixar de ver.

* * *

Quanta tristeza e amargura afoga
Em confusão a estreita vida! Quanto
Infortúnio mesquinho
Nos oprime supremo!
Feliz ou o bruto que nos verdes campos

Pasce, para si mesmo anônimo, e entra
Na morte como em casa;
Ou o sábio que, perdido
Na ciência, a fútil vida austera eleva
Além da nossa, como o fumo que ergue
Braços que se desfazem
A um céu inexistente.

* * *

A nada imploram tuas mãos já coisas,
Nem convencem teus lábios já parados,
No abafo subterrâneo
Da úmida imposta terra.
Só talvez o sorriso com que amavas
Te embalsama remota, e nas memórias
Te ergue qual eras, hoje
Cortiço apodrecido.
E o nome inútil que teu corpo morto
Usou, vivo, na terra, como uma alma,
Não lembra. A ode grava,
Anônimo, um sorriso.

* * *

O rastro breve que das ervas moles
Ergue o pé findo, o eco que oco coa
A sombra que se adumbra,
O branco que a nau larga —
Nem maior nem melhor deixa a alma às almas,
O ido aos indos. A lembrança esquece.
Mortos, inda morremos.
Lídia, somos só nossos.

* * *

Já sobre a fronte vã se me acinzenta
O cabelo do jovem que perdi.
Meus olhos brilham menos.
Já não tem jus a beijos minha boca.
Se me ainda amas, por amor não ames;
Traíras-me comigo.

* * *

Quando, Lídia, vier o nosso outono
Com o inverno que há nele, reservemos
Um pensamento, não para a futura
Primavera, que é de outrem,
Nem para o estio, de quem somos mortos;
Senão para o que fica do que passa —
O amarelo atual que as folhas vivem
E as torna diferentes.

* * *

Tênue, como se de Eolo a esquecessem,
A brisa da manhã titila o campo,
E há começo do sol.
Não desejemos, Lídia, nesta hora
Mais sol do que ela, nem mais alta brisa
Que a que é pequena e existe.

* * *

Para ser grande, sê inteiro: nada
Teu exagera ou exclui.
Sê todo em cada coisa. Põe quanto és
No mínimo que fazes.
Assim em cada lago a lua toda
Brilha, porque alta vive.

* * *

Sob a leve tutela
De deuses descuidosos,
Quero gastar as concedidas horas
Desta fadada vida.

Nada podendo contra
O ser que me fizeram,
Desejo ao menos que me haja o Fado
Dado a paz por destino.

Da verdade não quero
Mais que a vida; que os deuses
Dão vida e não verdade, nem talvez
Saibam qual a verdade

Álvaro de Campos

Dois fragmentos de odes

30-06-1914

I

Vem, Noite antiqüíssima e idêntica,
Noite Rainha nascida destronada,
Noite igual por dentro ao silêncio, Noite
Com as estrelas lantejoulas rápidas
No teu vestido franjado de Infinito.

Vem, vagamente,
Vem, levemente,
Vem sozinha, solene, com as mãos caídas
Ao teu lado, vem
E traz os montes longínquos para ao pé das árvores próximas,
Funde num campo teu todos os campos que vejo,
Faze da montanha um bloco só do teu corpo,
Apaga-lhe todas as diferenças que de longe vejo,
Todas as estradas que a sobem,
Todas as várias árvores que a fazem verde-escuro ao longe,
Todas as casas brancas e com fumo entre as árvores,
E deixa só uma luz e outra luz e mais outra,
Na distância imprecisa e vagamente perturbadora,
Na distância subitamente impossível de percorrer.

Nossa Senhora
Das coisas impossíveis que procuramos em vão,
Dos sonhos que vêm ter conosco ao crepúsculo, à janela,
Dos propósitos que nos acariciam
Nos grandes terraços dos hotéis cosmopolitas
Ao som europeu das músicas e das vozes longe e perto,
E que doem por sabermos que nunca os realizaremos...

Vem, e embala-nos,
Vem e afaga-nos,
Beija-nos silenciosamente na fronte,
Tão levemente na fronte que não saibamos que nos
beijam
Senão por uma diferença na alma
E um vago soluço partindo melodiosamente
Do antiquíssimo de nós
Onde têm raiz todas essas árvores de maravilha
Cujos frutos são os sonhos que afagamos e amamos
Porque os sabemos fora de relação com o que há na
vida.

Vem soleníssima,
Soleníssima e cheia
De uma oculta vontade de soluçar,
Talvez porque a alma é grande e a vida pequena,
E todos os gestos não saem do nosso corpo
E só alcançamos onde o nosso braço chega,
E só vemos até onde chega o nosso olhar.

Vem, dolorosa,
Mater-Dolorosa das Angústias dos Tímidos,
Tutris-Eburnea das Tristezas dos Desprezados,
Mão fresca sobre a testa em febre dos humildes,
Sabor de água sobre os lábios secos dos Cansados.
Vem, lá do fundo
Do horizonte lívido,

Vem e arranca-me
Do solo de angústia e de inutilidade
Onde vicejo.
Apanha-me do meu solo, malmequer esquecido,
Folha a folha lê em mim não sei que sina
E desfolha-me para teu agrado,
Para teu agrado silencioso e fresco.
Uma folha de mim lança para o Norte,
Onde estão as cidades de Hoje que eu tanto amei;
Outra folha de mim lança para o Sul,

Onde estão os mares que os Navegadores abriram;
Outra folha minha atira ao Ocidente,
Onde arde ao rubro tudo o que talvez seja o Futuro,
Que eu sem conhecer adoro;
E a outra, as outras, o resto de mim
Atira ao Oriente,
Ao Oriente donde vem tudo, o dia e a fé,
Ao Oriente pomposo e fanático e quente,
Ao Oriente excessivo que eu nunca verei,
Ao Oriente budista, bramânico, sintoísta,
Ao Oriente que tudo o que nós não temos,
Que tudo o que nós não somos,
Ao Oriente onde — quem sabe ? — Cristo talvez ainda hoje viva,
Onde Deus talvez exista realmente e mandando tudo...

Vem sobre os mares,
Sobre os mares maiores,
Sobre os mares sem horizontes precisos,
Vem e passa a mão pelo dorso de fera,
E acalma-o misteriosamente,
Ó domadora hipnótica das coisas que se agitam muito!
Vem, cuidadosa,
Vem, maternal,
Pé ante pé enfermeira antiquíssima, que te sentaste

À cabeceira dos deuses das fés já perdidas,
E que viste nascer Jeová e Júpiter,
E sorriste porque tudo te é falso e inútil.

Vem, Noite silenciosa e extática,
Vem envolver na noite manto branco
O meu coração...
Serenamente como uma brisa na tarde leve,
Tranqüilamente como um gesto materno afagando.

Com as estrelas luzindo nas tuas mãos
E a lua máscara misteriosa sobre a tua face.
Todos os sons soam de outra maneira
Quando tu vens.
Quando tu entras baixam todas as vozes,
Ninguém te vê entrar.
Ninguém sabe quando entraste,
Senão de repente, vendo que tudo se recolhe,
Que tudo perde as arestas e as cores,
E que no alto céu ainda claramente azul
Já crescente nítido, ou círculo branco, ou mera luz
nova que vem,

A lua começa a ser real.

II

Ah o crepúsculo, o cair da noite, o acender das luzes
nas grandes cidades
E a mão de mistério que abafa o bulício,
E o cansaço de tudo em nós que nos corrompe
Para uma sensação exata e precisa e ativa da Vida!
Cada rua é um canal de uma Veneza de tédios
E que misterioso o fundo unânime das ruas,
Das ruas ao cair da noite, ó Cesário Verde, ó Mestre,

Ó do "Sentimento de um Ocidental"!

Que inquietação profunda, que desejo de outras coisas,
Que nem são países, nem momentos, nem vidas,
Que desejo talvez de outros modos de estados de alma
Umedece interiormente o instante lento e longínquo!

Um horror sonâmbulo entre luzes que se acendem,
Um pavor terno e líquido, encostado às esquinas
Como um mendigo de sensações impossíveis
Que não sabe, quem lhas possa dar...

Quando eu morrer,
Quando me for, ignobilmente, como toda a gente,
Por aquele caminho cuja idéia se não pode encarar de frente.
Por aquela porta a que, se pudéssemos assomar, não assomaríamos
Para aquele porto que o capitão do Navio não conhece,
Seja por esta hora condigna dos tédios que tive,
Por esta hora mística e espiritual e antiquíssima,
Por esta hora em que talvez, há muito mais tempo do que parece,

Platão sonhando viu a idéia de Deus
Esculpir corpo e existência nitidamente plausível
Dentro do seu pensamento exteriorizado como um campo.

Seja por esta hora que me leveis a enterrar,
Por esta hora que eu não sei como viver,
Em que não sei que sensações ter ou fingir que tenho,
Por esta hora cuja misericórdia é torturada e excessiva,
Cujas sombras vêm de qualquer outra coisa que não as coisas,

Cuja passagem não roça vestes no chão da Vida
Sensível
Nem deixa perfume nos caminhos do Olhar.

Cruza as mãos sobre o joelho, ó companheira que eu
não tenho nem quero ter,
Cruza as mãos sobre o joelho e olha-me em silêncio
A esta hora em que eu não posso ver que tu me olhas,
Olha-me em silêncio e em segredo e pergunta a ti própria
— Tu que me conheces... quem eu sou...

NOTA — Este poema e o anterior foram publicados na *Revista de Portugal*, juntamente com outros atribuídos a Fernando Pessoa, por João Gaspar Simões, que acerca deles escreveu no mesmo número desta revista:

"Como muitos poemas de Fernando Pessoa foram guardados por ele sem assinatura, torna-se delicado atribuí-lo àqueles dos seus heterônimos a que realmente devem pertencer. Eis por que são da minha responsabilidade as atribuições dos poemas nesta revista publicados respectivamente a Fernando Pessoa e Álvaro de Campos. Suponho, ter-lhes dado a paternidade requerida pela sua forma, inspiração e espírito. Em todo caso não posso deixar de frisar que essa atribuição é da minha responsabilidade. Num dos poemas de Álvaro de Campos há um lapso: esse lapso é do original. Parece tratar-se de omissão de um verso que teria escapado quando o poeta copiou o poema à máquina. Tão belo é esse poema que pensamos não o dever sacrificar a esse pequeno lapso."

Saudação a Walt Whitman
(fragmentos)

11-06-1915

Portugal-Infinito, onze de junho de mil novecentos e quinze...
Hé-lá-á-á-á-á-á-á!

De aqui de Portugal, todas as épocas no meu cérebro,
Saúdo-te, Walt, saúdo-te, meu irmão em Universo,
Eu, de monóculo e casaco exageradamente cintado,
Não sou indigno de ti, bem o sabes, Walt,
Não sou indigno de ti, basta saudar-te para o não ser...
Eu tão contíguo à inércia, tão facilmente cheio de tédio,
Sou dos teus, tu bem sabes, e compreendo-te e amo-te,
E embora te não conhecesse, nascido pelo ano em que morrias,
Sei que me amaste também, que me conheceste, e estou contente.
Sei que me conheceste, que me contemplaste e me explicaste,
Sei que é isso que eu sou, quer em Brooklyn Ferry dez anos antes de eu nascer,
Quer pela Rua do Ouro acima pensando em tudo que não é a Rua do Ouro,
E conforme tu sentiste tudo, sinto tudo, e cá estamos de mãos dadas,
De mãos dadas, Walt, de mãos dadas, dançando o universo na alma.

O sempre moderno e eterno, cantor dos concretos absolutos,
Concubina fogosa do universo disperso,
Grande pederasta roçando-te contra a adversidade das coisas,
Sexualizado pelas pedras, pelas árvores, pelas pessoas, pelas profissões,
Cio das passagens, dos encontros casuais, das meras observações,

Meu entusiasta pelo conteúdo de tudo,
Meu grande herói entrando pela Morte dentro aos pinotes,
E aos urros, e aos guinchos, e aos berros saudando Deus!

(...)

Meu velho Walt, meu grande Camarada, evohé!
Pertenço à tua orgia báquica de sensações-em-liberdade,
Sou dos teus, desde a sensação dos meus pés até à náusea em meus sonhos,
Sou dos teus, olha pra mim, de aí desde Deus vês-me ao contrário:
De dentro para fora... Meu corpo é o que adivinhas, vês a minha alma —
Essa vês tu propriamente e através dos olhos dela o meu corpo —

Olha pra mim: tu sabes que eu, Álvaro de Campos, engenheiro,
Poeta sensacionista,
Não sou teu discípulo, não sou teu amigo, não sou teu cantor,
Tu sabes que eu sou Tu e estás contente com isso!
Nunca posso ler os teus versos a fio... Há ali sentir demais...
Atravesso os teus versos como a uma multidão aos encontrões a mim,
E cheira-me a suor, a óleos, a atividade humana e mecânica.
Nos teus versos, a certa altura não sei se leio ou se vivo,
Não sei se o meu lugar real é no mundo ou nos teus versos,

Não sei se estou aqui, de pé sobre a terra natural,
Ou de cabeça pra baixo, pendurado numa espécie de estabelecimento,
No teto natural da tua inspiração de tropel,
No centro do teto da tua intensidade inacessível.

Abram-me todas as portas!
Por força que hei de passar!

Minha senha? Walt Whitman!
Mas não dou senha nenhuma...
Passo sem explicações...
Se for preciso meto dentro as portas...
Sim — eu, franzino e civilizado, meto dentro as portas,
Porque neste momento não sou franzino nem civilizado,
Sou EU, um universo pensante de carne e osso, querendo passar,
E que há de passar por força, porque quando quero passar sou Deus!
Tirem esse lixo da minha frente!
Metam-me em gavetas essas emoções!
Daqui pra fora, políticos, literatos,
Comerciantes pacatos, polícia, meretrizes, *souteneurs,*
Tudo isso é a letra que mata, não o espírito que dá a vida.
O espírito que dá a vida neste momento sou EU!

(...)

Tu, o que eras, tu o que vias, tu o que ouvias,
O sujeito e o objeto, o ativo e o passivo,
Aqui e ali, em toda a parte tu,
Círculo fechando todas as possibilidades de sentir,
Marco miliário de todas as coisas que podem ser.
Deus Termo de todos os objetos que se imaginem e és tu!
Tu Hora,
Tu Minuto,

Tu Segundo!
Tu intercalado, liberto, desfraldado, ido,
Intercalamento, libertação, ida, desfraldamento,
Tu intercalador, libertador, desfraldador, remetente,
Carimbo em todas as cartas,
Nome em todos os endereços,
Mercadoria entregue, devolvida, seguindo...
Comboio de sensações a alma-quilômetros à hora,

À hora, ao minuto, ao segundo, PUM!
Agora que estou quase na morte e vejo tudo já claro.
Grande Libertador, volto submisso a ti.

Sem dúvida teve um fim a minha personalidade.
Sem dúvida porque se exprimiu, quis dizer qualquer coisa
Mas hoje, olhando para trás, só uma ânsia me fica —
Não ter tido a tua calma superior a ti próprio,
A tua libertação constelada de Noite Infinita.

Não tive talvez missão alguma na terra.

Heia que eu vou chamar
Ao privilégio ruidoso e ensurdecedor de saudar-te
Todo o formilhamento humano do Universo,
Todos os modos de todas as emoções
Todos os feitios de todos os pensamentos,
Todas as rodas, todos os volantes, todos os êmbolos da alma.

Heia que eu grito
E num cortejo de Mim até ti estardalhaçam
Com uma algaravia metafísica e real,
Com um chinfrim de coisas passado por dentro sem nexo.

Ave, salve, viva, ó grande bastardo de Apolo,
Amante impotente e fogoso das nove musas e das graças,
Funicular do Olimpo até nós e de nós ao Olimpo.

Soneto já antigo

Olha, Daisy: quando eu morrer tu hás de
Dizer aos meus amigos aí de Londres,
Embora não o sintas, que tu escondes
A grande dor da minha morte. Irás de

Londres p'ra York, onde nascestes (dizes...
Que eu nada que tu digas acredito),
Contar àquele pobre rapazito
Que me deu tantas horas tão felizes,

Embora não o saibas, que morri...
Mesmo ele, a quem eu tanto julguei amar,
Nada se importará... Depois vai dar

A notícia a essa estranha Cecily
Que acreditava que eu seria grande ...
Raios partam a vida e quem lá ande!

Lisbon revisited

(1923)

Não: não quero nada.
Já disse que não quero nada.

Não me venham com conclusões!
A única conclusão é morrer.

Não me tragam estéticas!
Não me falem em moral!
Tirem-me daqui a metafísica!
Não me apregoem sistemas completos, não me enfileirem conquistas
Das ciências (das ciências, Deus meu, das ciências!) —
Das ciências, das artes, da civilização moderna!

Que mal fiz eu aos deuses todos?

Se têm a verdade, guardem-a!

Sou um técnico, mas tenho técnica só dentro da técnica.
Fora disso sou doido, com todo o direito a sê-lo.
Com todo o direito a sê-lo, ouviram?

Não me macem, por amor de Deus!

Queriam-me casado, fútil, cotidiano e tributável?
Queriam-me o contrário disto, o contrário de qualquer coisa?
Se eu fosse outra pessoa, fazia-lhes, a todos, a vontade.
Assim, como sou, tenham paciência!
Vão para o diabo sem mim,
Ou deixem-me ir sozinho para o diabo!
Para que havemos de ir juntos?

Não me peguem no braço!
Não gosto que me peguem no braço. Quero ser sozinho.
Já disse que sou sozinho!
Ah, que maçada quererem que eu seja de companhia!

Ó céu azul — o mesmo da minha infância —,
Eterna verdade vazia e perfeita!
Ó macio Tejo ancestral e mudo,
Pequena verdade onde o céu se reflete!
Ó magoa revisitada, Lisboa de outrora de hoje!
Nada me dais, nada me tirais, nada sois que eu me
sinta.

Deixem-me em paz! Não tardo, que eu nunca tardo...
E enquanto tarda o Abismo e o Silêncio quero estar
sozinho!

Tabacaria

15-01-1928

Não sou nada.
Nunca serei nada.
Não posso querer ser nada.
À parte isso, tenho em mim todos os sonhos do mundo.

Janelas do meu quarto,
Do meu quarto de um dos milhões do mundo que ninguém sabe quem é
(E se soubessem quem é, o que saberiam?),
Dais para o mistério de uma rua cruzada constantemente por gente
Para uma rua inacessível a todos os pensamentos,
Real, impossivelmente real, certa, desconhecidamente certa,
Com o mistério das coisas por baixo das pedras e dos seres,
Com a morte a pôr umidade nas paredes e cabelos brancos nos homens,
Com o Destino a conduzir a carroça de tudo pela estrada de nada.

Estou hoje vencido, como se soubesse a verdade.
Estou hoje lúcido, como se estivesse para morrer,
E não tivesse mais irmandade com as coisas
Senão uma despedida, tornando-se esta casa e este lado da rua
A fileira de carruagens de um comboio, e uma partida apitada
De dentro da minha cabeça,
E uma sacudidela dos meus nervos e um ranger de ossos na ida.

Estou hoje perplexo, como quem pensou e achou e esqueceu.
Estou hoje dividido entre a lealdade que devo
À Tabacaria do outro lado da rua, como coisa real por fora,
E à sensação de que tudo é sonho, como coisa real por dentro.

Falhei em tudo.
Como não fiz propósito nenhum, talvez tudo fosse nada.
A aprendizagem que me deram,
Desci dela pela janela das traseiras da casa.
Fui até ao campo com grandes propósitos.
Mas lá encontrei só ervas e árvores,
E quando havia gente era igual à outra.
Saio da janela, sento-me numa cadeira. Em que hei de pensar?

Que sei eu do que serei, eu que não sei o que sou?
Ser o que penso? Mas penso ser tanta coisa!
E há tantos que pensam ser a mesma coisa que não pode haver tantos!
Gênio? Neste momento
Cem mil cérebros se concebem em sonho gênios como eu,
E a história não marcará, quem sabe?, nem um,
Nem haverá senão estrume de tantas conquistas futuras.
Não, não creio em mim.
Em todos os manicômios há doidos malucos com tantas certezas!
Eu, que não tenho nenhuma certeza, sou mais certo ou menos certo?
Não, nem em mim...
Em quantas mansardas e não-mansardas do mundo
Não estão nesta hora gênios-para-si-mesmos sonhando?
Quantas aspirações altas e nobres e lúcidas —
Sim, verdadeiramente altas e nobres e lúcidas —,
E quem sabe se realizáveis,
Nunca verão a luz do sol real nem acharão ouvidos de gente?

O mundo é para quem nasce para o conquistar
E não para quem sonha que pode conquistá-lo, ainda que tenha razão.
Tenho sonhado mais que o que Napoleão fez.
Tenho apertado ao peito hipotético mais humanidades do que Cristo.

Tenho feito filosofias em segredo que nenhum Kant escreveu.
Mas sou, e talvez serei sempre, o da mansarda,
Ainda que não more nela;
Serei sempre o *que não nasceu para isso;*
Serei sempre *só o que tinha qualidades;*
Serei sempre o que esperou que lhe abrissem a porta ao pé
de uma parede sem porta,
E cantou a cantiga do Infinito numa capoeira,
E ouviu a voz de Deus num poço tapado.
Crer em mim? Não, nem em nada.
Derrame-me a Natureza sobre a cabeça ardente
O seu sol, a sua chuva, o vento que me acha o cabelo,
E o resto que venha se vier, ou tiver que vir, ou não venha.
Escravos cardíacos das estrelas,
Conquistamos todos o mundo antes de nos levantar da cama;
Mas acordamos e ele é opaco,
Levantamo-nos e ele é alheio,
Saímos de casa e ele é a terra inteira.
Mais o sistema solar e a Via Láctea e o Indefinido.
(Come chocolates, pequena;
Come chocolates!
Olha que não há mais metafísica no mundo senão chocolates.
Olha que as religiões todas não ensinam mais que a confeitaria.
Come, pequena suja, come!
Pudesse eu comer chocolates com a mesma verdade com
que comes!
Mas eu penso e, ao tirar o papel de prata, que é de folha de
estanho,
Deito tudo para o chão, como tenho deitado a vida.)

Mas ao menos fica da amargura do que nunca serei
A caligrafia rápida destes versos,
Pórtico partido para o Impossível.
Mas ao menos consagro a mim mesmo um desprezo sem
lágrimas,
Nobre ao menos no gesto largo com que atiro

A roupa suja que sou, sem rol, p'ra o decurso das coisas,
E fico em casa sem camisa.

(Tu, que consolas, que não existes e por isso consolas,
Ou deusa grega, concebida como estátua que fosse viva,
Ou patrícia romana, impossivelmente nobre e nefasta,
Ou princesa de trovadores, gentilíssima e colorida,
Ou marquesa do século dezoito, decotada e longínqua,
Ou cocote célebre do tempo dos nossos pais,
Ou não sei quê moderno — não concebo bem o quê —,
Tudo isso, seja o que for, que sejas, se pode inspirar que inspire!
Meu coração é um balde despejado.
Como os que invocam espíritos invocam espíritos invoco
A mim mesmo e não encontro nada.
Chego à janela e vejo a rua com uma nitidez absoluta.
Vejo as lojas, vejo os passeios, vejo os carros que passam,
Vejo os entes vivos que se cruzam,
Vejo os cães que também existem,
E tudo isto me pesa como uma condenação ao degredo,
E tudo isto é estrangeiro, como tudo.)

Vivi, estudei, amei e até cri,
E hoje não há mendigo que eu não inveje só por não ser eu.
Olho a cada um os andrajos e as chagas e a mentira,
E penso: talvez nunca vivesses nem estudasses nem amasses nem cresses
(Porque é possível fazer a realidade de tudo isso sem fazer nada disso);
Talvez tenhas existido apenas, como um lagarto a quem cortam o rabo,
E que é rabo para aquém do lagarto remexidamente.
Fiz de mim o que não soube,
E o que podia fazer de mim não o fiz.
O dominó que vesti era errado.

Conheceram-me logo por quem não era e não desmenti, e
perdi-me.
Quando quis tirar a máscara,
Estava pegada à cara.
Quando a tirei e me vi ao espelho,
Já tinha envelhecido.
Estava bêbado, já não sabia vestir o dominó que não tinha
tirado.
Deitei fora a máscara e dormi no vestiário
Como um cão tolerado pela gerência
Por ser inofensivo
E vou escrever esta história para provar que sou sublime.
Essência musical dos meus versos inúteis,
Quem me dera encontrar-te como coisa que eu fizesse,
E não ficasse sempre defronte da Tabacaria de defronte,
Calcando aos pés a consciência de estar existindo,
Como um tapete em que um bêbado tropeça
Ou um capacho que os ciganos roubaram e não valia nada.

Mas o Dono da Tabacaria chegou à porta e ficou à porta.
Olho-o com o desconforto da cabeça mal voltada
E com o desconforto da alma mal-entendendo.
Ele morrerá e eu morrerei.
Ele deixará a tabuleta, e eu deixarei versos.
A certa altura morrerá a tabuleta também, e os versos também.
Depois de certa altura morrerá a rua onde esteve a tabuleta,
E a língua em que foram escritos os versos.
Morrerá depois o planeta girante em que tudo isto se deu.
Em outros satélites de outros sistemas qualquer coisa como
gente
Continuará fazendo coisas como versos e vivendo por baixo
de coisas como tabuletas,
Sempre uma coisa defronte da outra,
Sempre uma coisa tão inútil como a outra,
Sempre o impossível tão estúpido como o real,
Sempre o mistério do fundo tão certo como o sono de mistério

da superfície,
Sempre isto ou sempre outra coisa ou nem uma coisa nem
outra.

Mas um homem entrou na Tabacaria (para comprar
tabaco?),
E a realidade plausível cai de repente em cima de mim.
Semiergo-me enérgico, convencido, humano,
E vou tencionar escrever estes versos em que digo o contrário.

Acendo um cigarro ao pensar em escrevê-los
E saboreio no cigarro a libertação de todos os pensamentos.
Sigo o fumo como uma rota própria,
E gozo, num momento sensitivo e competente,
A libertação de todas as especulações
E a consciência de que a metafísica é uma conseqüência
de estar mal disposto.

Depois deito-me para trás na cadeira
E continuo fumando.
Enquanto o Destino mo conceder, continuarei fumando.
(Se eu casasse com a filha da minha lavadeira
Talvez fosse feliz.)
Visto isto, levanto-me da cadeira. Vou à janela.
O homem saiu da Tabacaria (metendo troco na algibeira
das calças?).
Ah, conheço-o: é o Esteves sem metafísica.
(O Dono da Tabacaria chegou à porta.)
Como por um instinto divino o Esteves voltou-se e viu-me,
Acenou-me adeus, gritei-lhe *Adeus ó Esteves!,* e o universo
Reconstruiu-se-me sem ideal nem esperança, e o Dono
da Tabacaria sorriu.

Escrito num livro abandonado em viagem

Venho dos lados de Beja.
Vou para o meio de Lisboa.
Não trago nada e não acharei nada.
Tenho o cansaço antecipado do que não acharei,
E a saudade que sinto não é nem no passado nem no futuro.
Deixo escrita neste livro a imagem do meu desígnio morto:
Fui, como ervas, e não me arrancaram.

Apostila

11-04-1928

Aproveitar o tempo?
Mas o que é o tempo, que eu o aproveite?
Aproveitar o tempo!
Nenhum dia sem linha...
O trabalho honesto e superior...
O trabalho à Virgílio, à Milton...
Mas é tão difícil ser honesto ou superior!
É tão pouco provável ser Milton ou ser Virgílio!

Aproveitar o tempo!
Tirar da alma os bocados precisos — nem mais nem menos —
Para com eles juntar os cubos ajustados
Que fazem gravuras certas na história
(E estão certas também do lado de baixo que se não vê)...
Pôr as sensações em castelo de cartas, pobre China dos serões
E os pensamentos em dominó, igual contra igual,
E a vontade em carambola difícil...

Imagens de jogos ou de paciências ou de passatempos —
Imagens da vida, imagens das vidas, Imagem da Vida.

Verbalismo...
Sim, verbalismo...
Aproveitar o tempo!
Não ter um minuto que o exame de consciência desconheça...
Não ter um ato indefinido nem factício...

Não ter um movimento desconforme com propósitos...
Boas maneiras da alma...
Elegância de persistir...

Aproveitar o tempo!
Meu coração está cansado como mendigo verdadeiro.
Meu cérebro está pronto como um fardo posto ao canto.

Meu canto (verbalismo!) está tal como está e é triste.
Aproveitar o tempo!
Desde que comecei a escrever passaram cinco minutos.
Aproveitei-os ou não?
Se não sei se os aproveitei, que saberei de outros minutos?!

(Passageira que viajavas tantas vezes no mesmo compartimento comigo
No comboio suburbano,
Chegaste a interessar-te por mim?
Aproveitei o tempo olhando para ti?
Qual foi o ritmo do nosso sossego no comboio andante?
Qual foi o entendimento que não chegamos a ter?
Qual foi a vida que houve nisto? Que foi isto a vida?)

Aproveitar o tempo!...
Ah, deixem-me não aproveitar nada!
Nem tempo, nem ser, nem memórias de tempo ou de ser!...
Deixem-me ser uma folha de árvore, titilada por brisas,
A poeira de uma estrada, involuntária e sozinha,
O vinco deixado na estrada pelas rodas enquanto não vêm outras,
O pião do garoto, que vai a parar,
E oscila, no mesmo movimento que o da terra,
E estremece no mesmo movimento que o da alma,
E cai, como caem os deuses, no chão do Destino.

Adiamento

14-04-1928

Depois de amanhã, sim, só depois de amanhã...
Levarei amanhã a pensar em depois de amanhã.
E assim será possível; mas hoje não...
Não, hoje nada; hoje não posso.
A persistência confusa da minha subjetividade objetiva,
O sono da minha vida real, intercalado,
O cansaço antecipado e infinito,
Um cansaço de mundos para apanhar um elétrico...
Esta espécie de alma...
Só depois de amanhã...
Hoje quero preparar-me,
Quero preparar-me para pensar amanhã no dia seguinte...
Ele é que é decisivo.
Tenho já o plano traçado; mas não, hoje não traço planos...
Amanhã é o dia dos planos.
Amanhã sentar-me-ei à secretária para conquistar o mundo;
Mas só conquistarei o mundo depois de amanhã...
Tenho vontade de chorar,
Tenho vontade de chorar muito de repente, de dentro...
Não, não queiram saber mais nada, é segredo, não digo.
Só depois de amanhã...
Quando era criança o circo de domingo divertia-me toda a semana.
Hoje só me diverte o circo de domingo de toda a semana da minha infância...
Depois de amanhã serei outro.
A minha vida triunfar-se-á
Todas as minhas qualidades reais de inteligente, lido e prático
Serão convocadas por um edital...
Mas por um edital de amanhã.
Hoje quero dormir, redigirei amanhã...

Por hoje, qual é o espetáculo que me repetiria a infância?
Mesmo para eu comprar os bilhetes amanhã,
Que depois de amanhã é que está bem o espetáculo...
Antes, não...
Depois de amanhã terei a pose pública que amanhã estudarei.
Depois de amanhã serei finalmente o que hoje não posso nunca ser.
Só depois de amanhã...
Tenho sono como o frio de um cão vadio.
Tenho muito sono.
Amanhã te direi as palavras, ou depois de amanhã...
Sim, tal vez só depois de amanhã...
O porvir...
Sim, o porvir...

Gazetilha

Dos Lloyd Georges da Babilônia
Não reza a história nada.
Dos Briands da Assíria ou do Egito,
Dos Trotskys de qualquer colônia
Grega ou romana já passada,
O nome é morto, inda que inscrito.

Só o parvo dum poeta, ou um louco
Que fazia filosofia,
Ou um geômetra maduro,
Sobrevive a esse tanto pouco
Que está lá para trás no escuro
E nem a história já historia.

Ó grandes homens do Momento!
Ó grandes glórias a ferver
De quem a obscuridade foge!
Aproveitem sem pensamento!
Tratem da fama e do comer,
Que amanhã é dos loucos de hoje!

Apontamento

A minha alma partiu-se como um vaso vazio.
Caiu pela escada e excessivamente abaixo.
Caiu das mãos da criada descuidada.
Caiu, fez-se em mais pedaços do que havia louça no vaso.
Asneira? Impossível? Sei lá!
Tenho mais sensações do que tinha quando me sentia eu.
Sou um espalhamento de cacos sobre um capacho por
sacudir.

Fiz barulho na queda como um vaso que se partia.
Os deuses que há debruçam-se do parapeito da escada,
E fitam os cacos que a criada deles fez de mim.

Não se zanguem com ela.
São tolerantes com ela.
O que eu era um vaso vazio?

Olham os cacos absurdamente conscientes,
Mas conscientes de si mesmos, não conscientes deles.

Olham e sorriem.
Sorriem tolerantes à criada involuntária.

Alastra a grande escadaria atapetada de estrelas.
Um caco brilha, virado do exterior lustroso, entre os astros.
A minha obra? A minha alma principal? A minha vida?
Um caco.
E os deuses olham-o especialmente, pois não sabem por
que ficou ali.

Aniversário

15-10-1929

No tempo em que festejavam o dia dos meus anos,
Eu era feliz e ninguém estava morto.
Na casa antiga, até eu fazer anos era uma tradição de há séculos,
E a alegria de todos, e a minha, estava certa com uma religião qualquer.

No tempo em que festejavam o dia dos meus anos,
Eu tinha a grande saúde de não perceber coisa nenhuma,
De ser inteligente para entre a família,
E de não ter as esperanças que os outros tinham por mim.
Quando vim a ter esperanças, já não sabia ter esperanças.
Quando vim a olhar para a vida, perdera o sentido da vida.

Sim, o que fui de suposto a mim mesmo,
O que fui de coração e parentesco,
O que fui de serões de meia-província,
O que fui de amarem-me e eu ser menino,
O que fui — ai, meu Deus!, o que só hoje sei que fui...
A que distância!...
(Nem o acho...)
O tempo em que festejavam o dia dos meus anos!

O que eu sou hoje é como a umidade no corredor do fim da casa,
Pondo grelado nas paredes...
O que eu sou hoje (e a casa dos que me amaram treme através das minhas lágrimas),
O que eu sou hoje é terem vendido a casa,
É terem morrido todos,
É estar eu sobrevivente a mim mesmo como um fósforo frio...

No tempo em que festejavam o dia dos meus anos...
Que meu amor, como uma pessoa, esse tempo!
Desejo físico da alma de se encontrar ali outra vez,
Por uma viagem metafísica e carnal,
Com uma dualidade de eu para mim...
Comer o passado como pão de fome, sem tempo de manteiga nos dentes!
Vejo tudo outra vez com uma nitidez que me cega para o que há aqui...
A mesa posta com mais lugares, com melhores desenhos na louça, com mais copos,
O aparador com muitas coisas — doces, frutas, o resto na sombra debaixo do alçado —,
As tias velhas, os primos diferentes, e tudo era por minha causa,
No tempo em que festejavam o dia dos meu anos...

Pára, meu coração!
Não penses! Deixa o pensar na cabeça!
Ó meu Deus, meu Deus, meu Deus!
Hoje já não faço anos.
Duro.

Somam-se-me dias.
Serei velho quando o for.
Mais nada.
Raiva de não ter trazido o passado roubado na algibeira!...

O tempo em que festejavam o dia dos meus anos!...

Trapo

O dia deu em chuvoso.
A manhã, contudo, esteve bastante azul.
O dia deu em chuvoso.
Desde manhã eu estava um pouco triste.
Antecipação? Tristeza? Coisa nenhuma?
Não sei: já ao acordar estava triste.
O dia deu em chuvoso.

Bem sei: a penumbra da chuva é elegante.
Bem sei: o sol oprime, por ser tão ordinário, um elegante.
Bem sei: ser suscetível às mudanças de luz não é elegante.
Mas quem disse ao sol ou aos outros que eu quero ser elegante?
Dêem-me o céu azul e o sol visível.
Névoas, chuvas, escuros — isso tenho eu em mim.
Hoje quero só sossego.
Até amaria o lar, desde que o não tivesse.
Chego a ter sono da vontade de ter sossego.
Não exageremos!
Tenho efetivamente sono, sem explicação.
O dia deu em chuvoso.

Carinhos? Afetos? São memórias...
É preciso ser-se criança para os ter...
Minha madrugada perdida, meu céu azul verdadeiro!
O dia deu em chuvoso.

Boca bonita da filha do caseiro,
Polpa de fruta de um coração por comer...
Quando foi isso? Não sei...
No azul da manhã...

O dia deu em chuvoso.

Ah, um soneto...

Meu coração é um almirante louco
Que abandonou a profissão do mar
E que a vai relembrando pouco a pouco
Em casa a passear, a passear...

No movimento (eu mesmo me desloco
Nesta cadeira, só de o imaginar)
O mar abandonado fica em foco
Nos músculos cansados de parar.

Há saudades nas pernas e nos braços.
Há saudades no cérebro por fora.
Há grandes raivas feitas de cansaços.

Mas — esta é boa! — era do coração
Que eu falava... e onde diabo estou eu agora
Com almirante em vez de sensação...?

Quero acabar entre rosas

Quero acabar entre rosas, porque as amei na infância.
Os crisântemos de depois, desfolhei-os a frio.
Falem pouco, devagar.
Que eu não ouça, sobretudo com o pensamento.
O que quis? Tenho as mãos vazias,
Crispadas flebilmente sobre a colcha longínqua,
O que pensei? Tenho a boca seca, abstrata.
O que vivi? Era tão bom dormir!

Magnificat

07-11-1933

Quando é que passará esta noite interna, o universo,
E eu, a minha alma, terei o meu dia?
Quando é que despertarei de estar acordado?
Não sei. O sol brilha alto,
Impossível de fitar.
As estrelas pestanejam frio,
Impossíveis de contar.
O coração pulsa alheio,
Impossível de escutar.
Quando é que passará este drama sem teatro,
Ou este teatro sem drama,
E recolherei a casa?
Onde? Como? Quando?
Gato que me fitas com olhos de vidas, quem tens lá no fundo?
É esse! É esse!
Esse mandará como Jesué parar o sol e eu acordarei;
E então será dia.
Sorri, dormindo, minha alma!
Sorri, minha alma, será dia!

Pecado original

07-12-1933

Ah, quem escreverá a história do que poderia ter sido?
Será essa, se alguém a escrever,
A verdadeira história da humanidade.

O que há é só o mundo verdadeiro, não é nós, só o mundo;
O que não há somos nós, e a verdade está aí.

Sou quem falhei ser.
Somos todos quem nos supusemos.
A nossa realidade é o que não conseguimos nunca.

Que é daquela nossa verdade — o sonho à janela da infância?
Que é daquela nossa certeza — o propósito à mesa de depois?

Medito, a cabeça curvada contra as mãos sobrepostas
Sobre o parapeito alto da janela de sacada,
Sentado de lado numa cadeira, depois de jantar.

Que é da minha realidade, que só tenho a vida?
Que é de mim, que sou só quem existo?

Quantos Césares fui!
Na alma, e com alguma verdade;
Na imaginação, e com alguma justiça;
Na inteligência, e com alguma razão —
Meu Deus! meu Deus! meu Deus!
Quantos Césares fui!
Quantos Césares fui!
Quantos Césares fui!

Dobrada à moda do Pôrto

Um dia, num restaurante, fora do espaço e do tempo,
Serviram-me o amor como dobrada fria.
Disse delicadamente ao missionário da cozinha
Que a preferia quente,
Que a dobrada (e era à moda do Porto) nunca se come fria.

Impacientaram-se comigo.
Nunca se pode ter razão, nem num restaurante.
Não comi, não pedi outra coisa, paguei a conta,
E vim passear para toda a rua.

Quem sabe o que isto quer dizer?
Eu não sei, e foi comigo...

(Sei muito bem que na infância de toda a gente houve um jardim,
Particular ou público, ou do vizinho.
Sei muito bem que brincarmos era o dono dele.
E que a tristeza é de hoje.)

Sei isso muitas vezes,
Mas, se eu pedi amor, por que é que me trouxeram
Dobrada à moda do Porto fria?
Não é prato que se possa comer frio,
Mas trouxeram-mo frio.
Não me queixei, mas estava frio,
Nunca se pode comer frio, mas veio frio.

Poema em linha reta

Nunca conheci quem tivesse levado porrada.
Todos os meus conhecidos têm sido campeões em tudo.

E eu, tantas vezes reles, tantas vezes porco, tantas vezes vil,
Eu tantas vezes irrespondivelmente parasita,
Indesculpavelmente sujo,
Eu, que tantas vezes não tenho tido paciência para tomar banho,

Eu, que tantas vezes tenho sido ridículo, absurdo,
Que tenho enrolado os pés publicamente nos tapetes das etiquetas,
Que tenho sido grotesco, mesquinho, submisso e arrogante,
Que tenho sofrido enxovalhos e calado,
Que quando não tenho calado, tenho sido mais ridículo ainda;

Eu, que tenho sido cômico às criadas de hotel,
Eu, que tenho sentido o piscar de olhos dos moços de fretes,
Eu, que tenho feito vergonhas financeiras, pedido emprestado sem pagar,
Eu, que, quando a hora do soco surgiu, me tenho agachado
Para fora da possibilidade do soco;
Eu, que tenho sofrido a angústia das pequenas coisas ridículas,
Eu verifico que não tenho par nisto tudo neste mundo.

Toda a gente que eu conheço e que fala comigo
Nunca teve um ato ridículo, nunca sofreu enxovalho,
Nunca foi senão príncipe — todos ele príncipes — na vida...
Quem me dera ouvir de alguém a voz humana
Que confessasse não um pecado, mas uma infâmia;
Que contasse, não uma violência, mas uma covardia!

Não, são todos o Ideal, se os ouço e me falam.
Quem há neste largo mundo que me confesse que uma
vez foi vil?
Ó príncipes, meus irmãos,

Arre, estou farto de semideuses!
Onde é que há gente no mundo?

Então sou só eu que é vil e errôneo nesta terra?

Poderão as mulheres não os terem amado,
Podem ter sido traídos — mas ridículos nunca!
E eu, que tenho sido ridículo sem ter sido traído,
Como posso eu falar com os meus superiores sem titubear?
Eu, que tenho sido vil, literalmente vil,
Vil no sentido mesquinho e infame da vileza.

O sono que desce sobre mim

O sono que desce sobre mim,
O sono mental que desce fisicamente sobre mim,
O sono universal que desce individualmente sobre mim —
Esse sono
Parecerá aos outros o sono de dormir,
O sono da vontade de dormir,
O sono de ser sono.

Mas é mais de dentro, mais de cima:
É o sono da soma de todas as desilusões,
É o sono da síntese de todas as desesperanças,
É o sono de haver mundo comigo lá dentro
Sem que eu houvesse contribuído em nada para isso.

O sono que desce sobre mim
É contudo como todos os sonos.
O cansaço tem ao menos brandura,
O abatimento tem ao menos sossego,
A rendição é ao menos o fim do esforço,
O fim é ao menos o já não haver que esperar.

Há um som de abrir uma janela,
Viro indiferente a cabeça para a esquerda
Por sobre o ombro que a sente,
Olho pela janela entreaberta:
A rapariga do segundo andar de defronte
Debruça-se com os olhos azuis à procura de alguém.
De quem?,
Pergunta a minha indiferença.
E tudo isso é sono.

Meu Deus, tanto sono!...

Dai-me rosas e lírios

Dai-me rosas e lírios,
Dai-me flores, muitas flores
Quaisquer flores, logo que sejam muitas...
Não, nem sequer muitas flores, falai-me apenas

Em me dardes muitas flores,
Nem isso... Escutai-me apenas pacientemente quando vos peço

Que me deis flores,
Sejam essas as flores que me deis...

Ah, a minha tristeza dos barcos que passam no rio,
Sob o céu cheio de sol!
A minha agonia da realidade lúcida!
Desejo de chorar absolutamente como uma criança

Com a cabeça encostada aos braços cruzados em cima da mesa,
E a vida sentida como uma brisa que me roçasse o pescoço,
Estando eu a chorar naquela posição.

O homem que apara o lápis à janela do escritório
Chama pela minha atenção com as mãos do seu gesto banal.
Haver lápis e aparar lápis e gente que os apara à janela, é tão estranho!

É tão fantástico que estas cousas sejam reais!
Olho para ele até esquecer o sol e o céu.
E a realidade do mundo faz-me dor de cabeça.

A flor caída no chão.
A flor murcha (rosa branca amarelecendo)
Caída no chão...
Qual é o sentido da vida?

Cronologia Biográfica

JOÃO GASPAR SIMÕES

1888. *13 jun.* Nasce Fernando Antônio Nogueira Pessoa, no 4.° andar, esquerdo, do Largo de São Carlos, n.° 4, às 3 horas da tarde.

1889. Data do suposto nascimento de Alberto Caeiro.

15 out. Data do suposto nascimento de Álvaro de Campos.

1893. *Jan.* Nasce Jorge, irmão de Fernando Pessoa.

13 jul. Falece Joaquim de Seabra Pessoa, pai de Fernando Pessoa, com 43 anos de idade.

15 nov. Muda-se a mãe do poeta para a Rua de S. Marçal, 104, depois de fazer leilão de grande parte dos seus haveres.

1894. *2 jan.* Falece o irmão Jorge. Conhecem-se D. Maria Madalena Pinheiro Nogueira Pessoa, mãe do poeta, e o comandante João Miguel Rosa, futuro padrasto deste.

Fernando Pessoa cria o seu primeiro heterônimo — o *Clevalier de Pas.*

1895. *Jun.* João Miguel Rosa é nomeado cônsul interino em Durban (África do Sul), para onde parte no mês seguinte.

26 jul. Escreve Fernando Pessoa a sua primeira poesia, a quadra "A Minha Querida Mamã".

30 dez. Casam, por procuração, a mãe do poeta e o comandante João Miguel Rosa, na Igreja de S. Mamede.

Substitui o noivo seu irmão, o general Henrique Rosa.

1896. *6 jan.* Acompanhados do Tio Cunha, partem para África D. Maria Madalena e seu filho Fernando Antônio.

Fernando Antônio vai freqüentar o convento de West Street, em Durban, onde aprende as primeiras noções de inglês e faz a primeira comunhão.

Falece, na Ilha Terceira, a avó do poeta, D. Madalena Xavier Pinheiro Nogueira.

1896. *27 nov.* Nasce Henriqueta Madalena, primeira filha do segundo casamento de D. Maria Madalena.

1898. *22 out.* Nasce Madalena Henriqueta, segunda filha do casal Miguel Rosa.

1899. *Abr.* Fernando Pessoa matricula-se na *High School, Form II-B.*

Jun. Passa para a *Form II-A.*

Dez. Ganha o *Form Prize na Form II-A.*

1900. *11 jan.* Nasce Luís Miguel, terceiro filho do casal Miguel Rosa.

Jun. Fernando Pessoa passa para a *Form III* e é premiado em francês.

Dez. Passa para a *Form IV.*

1901. O comandante João Miguel Rosa é nomeado cônsul de 1ª classe.

Jun. O poeta faz o exame da *Cape School High Examination.*

25 jun. Falece Madalena Henriqueta. Fernando escreve poesias em inglês.

Ago. Vem de visita a Portugal. O padrasto entra em gozo de licença de 1 ano. Acompanham-no sua mulher, o enteado, a filha Henriqueta Madalena e o filho Luís Miguel. No mesmo barco transportam o corpo da filha falecida.

1902. *17 jan.* Nasce João, quarto filho do casal Miguel Rosa.

Maio. De visita à família materna ou para procederem

à liquidação da herança da avó Madalena, encontram-se Fernando Pessoa e os seus na Ilha Terceira. Ali escreve a poesia "Quando Ela Passa".

Set. Regressa a Durban a família do poeta.

Fernando Pessoa matricula-se na *Commercial School,* em Durban.

1903. *Dez.* Faz exame de admissão à Universidade do Cabo.

1904. *Fev.* Volta à *High School,* e entra na *Form Vl.*

20 fev. Data do ofício em que lhe é comunicado que ganhou o Prêmio Rainha Vitória, concedido ao seu ensaio de inglês, prova do exame de admissão à Universidade do Cabo da Boa Esperança realizado no ano anterior.

Lê Milton, Byron, Shelley, Keats, Tennyson e Poe. Conhece Pope e a sua escola. Lê Carlyle. Escreve poesia e prosa em inglês.

1904. *16 ago.* Nasce outra filha do casal Miguel Rosa, Maria Clara.

Dez. Faz a *Intermediate Examination* em Artes, da Universidade do Cabo.

1905. *Ago.* Parte sozinho para Lisboa, a bordo do navio alemão *Herzog,* confiado aos cuidados de um oficial de bordo, a fim de matricular-se no Curso Superior de Letras, indo viver com a avó Dionísia e as duas tias, na Rua da Bela Vista, 17.

Lê autores ingleses, especialmente Milton. Conhece Baudelaire, Cesário Verde e sente a influência de "subpoetas portugueses" lidos na infância. Continua a escrever poesia e prosa em inglês.

1906. *Set.* Partem para Portugal em gozo de férias o comandante João Miguel Rosa e a família.

Out. Chegam a Lisboa, instalam-se na Calçada da Estrela, n.° 100, para onde o poeta se muda.

Out. Matricula-se no Curso Superior de Letras de Lisboa.

11 dez. Falece, em Lisboa, Maria Clara.

1907. *Maio.* Tendo regressado a Durban a família de João Miguel Rosa, Fernando Pessoa volta para casa das tias, à Rua da Bela Vista, 17. É neste ano, por altura da greve dos estudantes, provocada por uma medida de João Franco, que o poeta abandona o Curso Superior de Letras.

Ago. Vai a Portalegre comprar material para instalar em Lisboa uma tipografia.

Monta uma tipografia na Rua da Conceição da Glória, 38-4.°, a que dá o nome de "Empresa Íbis — Tipografia Editora — Oficinas a Vapor", que mal chega a funcionar.

1908. Entra no *Comércio* como "correspondente estrangeiro".

1910. João Miguel Rosa é transferido para Pretória.

Dez. Funda-se no Porto a revista *A Águia,* 1ª fase.

1911. Estabelece-se em Lisboa o inglês Killoge, que organiza uma antologia de autores universais, em tradução portuguesa. Fernando. Pessoa é encarregado de traduzir os poetas.

1912. *Jan.* É fundada a Renascença Portuguesa, no Porto.

Abr. Fernando Pessoa publica em *A Águia,* órgão da Renascença Portuguesa, o seu primeiro artigo. "A Nova Poesia Portuguesa Sociologicamente Considerada".

Maio. Publica, na mesma revista, o seu segundo artigo, "Reincidindo". Nasce Ricardo Reis na mente do poeta.

21 Set. Carta-réplica ao Dr. Adolfo Coelho, publicada no jornal *República.*

Nov. Publica em *A Águia,* em três fascículos seguidos, o seu estudo "A Nova Poesia Portuguesa no Seu Aspecto Psicológico".

Depois de ter vivido algum tempo num rés-do-chão da Rua da Glória, 4, muda-se para a Rua do Carmo, 18-1.°, e daí para a casa de sua tia, D. Ana Luísa Nogueira de Freitas, na Rua de Passos Manuel, 243.° Esq.

1913. *Jan.* Projeta publicar um livro de versos intitulado *Gládio.*

1 març. Fernando Pessoa publica na revista *Teatro* um artigo de crítica ao livro de Afonso Lopes Vieira *Bartolomeu Marinheiro,* intitulado "Naufrágio de Batorlomeu":

8 mar. Novo artigo na revista *Teatro* — "Coisas Estilísticas que Aconteceram".

22 mar. Anuncia a Álvaro Pinto, secretário de *A Águia,* que Boavida Portugal vai publicar o seu *Inquérito Literário,* inicialmente promovido na *República,* e que ele, Fernando Pessoa, prepara um *Panfleto* de defesa da Renascença Portuguesa.

Pensa publicar um folheto sobre a autoria da obra de Shakespeare.

29 mar. Escreve a poesia "Pauis".

Abr. Fernando Pessoa publica, em *A Águia,* o artigo "As Caricaturas de Almada Negreiros" e trava conhecimento com o artista.

Maio. Mário de Sá Carneiro envia a Pessoa as poesias para o livro *Dispersão.*

Fernando Pessoa escreve, em inglês, o poema *"Epithalamium".*

23 jun. Sá-Carneiro chega a Lisboa.

Ago. Fernando Pessoa publica, em *A Águia*, "Na Floresta do Alheamento".

11, 12 out. Escreve *O Marinheiro,* drama estático.

Out. Revê as provas da *Dispersão,* de Sá-Carneiro.

1914. *Fev.* Publica, na revista A *Renascença,* de Lisboa, número único, "Impressões do Crepúsculo" (as poesias "O Sino da Minha Aldeia" e "Pauis"). O "paulismo" está em franco desenvolvimento. Coleciona e traduz para inglês, a convite de um editor de Londres, 300 provérbios portugueses.

8 mar. Surge Alberto Caeiro.

Mar. Escreve a "De Triunfal", atribuída a Álvaro de Campos, que publica como datada de junho. Em seguida escreve "Opiário", poesia, igualmente, de Álvaro de Campos.

Maio. Muda-se para a Rua Pascoal de Melo, 11 9-3.°, Dt.°, casa da tia Anica — D. Ana Luísa Nogueira de Freitas, com quem reside.

16 jun. Escreve a primeira poesia de Ricardo Reis.

13 jul. Em carta a Sá-Carneiro, de novo em Paris, declara ter atingido o período completo da sua maturidade literária.

Out. O grupo de que vai sair o *Orfeu* encontra-se na Cervejaria Jansen, à Rua Vitor Cordon, em Lisboa.

1915. *Jan.* A tia Anica parte para a Suíça, e Fernando Pessoa vive algum tempo na Leiteria Alentejana, à Rua Almirante Barroso, 12. Fernando Pessoa escreve, em inglês, o poema *"Antinous"*.

20 fev. Deve ter entrado no prelo o primeiro número do *Orfeu.*

25 fev. Publica na *Galera,* de Coimbra, o artigo "Para a Memória de Antônio Nobre".

Abr. Sai o primeiro número do *Orfeu.*

8 abr. Aparece em *O Jornal,* gazeta de Boavida Portugal, a primeira crônica de Fernando Pessoa, "Crônica da Vida que Passa".

11 abr. 2ª "Crônica da Vida que Passa".

18 abr. 3ª "Crônica da Vida que Passa".

21 abr. 4ª "Crônica da Vida que Passa".

13 maio. No panfleto *Eh Real!,* de João Camoesas, Fernando Pessoa publica o artigo "O Preconceito da Ordem".

11 jun. Escreve a "Ode a Walt Whitman".

Jul. Publica-se o 2º número do *Orfeu.*

6 jul. Envia ao jornal *A Capital,* assinada por Álvaro de Campos, uma carta a propósito da local publicada na mesma folha sobre um anunciado espetáculo "futurista", onde faz referências irritantes ao desastre de que fora vítima o Dr. Afonso Costa, presidente do conselho do Ministério de então.

7 jul. Os demais colaboradores do *Orfeu* dirigem-se a

A Capital, desaprovando a carta de Álvaro de Campos.

7 jul. Alfredo Pedro Guisado e Antônio Ferro escrevem a *O Mundo* desligando-se do *Orfeu.*

11 jul. Mário de Sá-Carneiro regressa, precipitadamente, e incógnito, a Paris.

Ago. Intensa atividade dos heterônimos.

Set. Fernando Pessoa traduz, para a Livraria Clássica, o livro *Compêndio de Teosofia,* de C. W. Leadbeater, primeiro da "Coleção Teosófica e Esotérica", para a qual traduzirá diversos outros volumes.

Nov. Morte, possível, de Alberto Caeiro.

Dez. Adoece, em Pretória, vítima de uma apoplexia, D. Maria Madalena, mãe do poeta.

1916. *Jan.* Pensa estabelecer-se, como astrólogo, em Lisboa.

Mar. Aparecem em Fernando Pessoa fenômenos de mediunidade.

5 mar. Sá-Carneiro pede a Fernando Pessoa, em carta enviada de Paris, que peça o cordão de ouro à sua ama e o vá empenhar, enviando-lhe o dinheiro.

15 mar. Fernando Pessoa remete para Paris 160 francos a Sá-Carneiro.

31 mar. Sá-Carneiro escreve a Fernando Pessoa, anunciando-lhe que vai suicidar-se.

4 abr. Em bilhete postal, declara ter suspendido o desfecho trágico.

18 abr. Última carta de Sá-Carneiro.

26 abr. Fernando Pessoa escreve a Sá-Carneiro, carta que não chega a concluir.

26 abr. Mário de Sá-Carneiro suicida-se em Paris no Hotel de Nice à Rue Victor Massé, 29.

Abr. Aparece em Lisboa a revista *Exílio,* com colaboração de Fernando Pessoa.

José de Almada Negreiros publica *o Manifesto Anti-Dantas*

Set. Anuncia-se a saída do número 3 do *Orfeu,* que

não chega a aparecer, onde Fernando Pessoa pensa publicar os seus poemas ingleses.

1917. Fernando Pessoa reside na Rua Bernardim Ribeiro, 11-1.°.

14 abr. Realiza-se no Teatro República a conferência "futurista" de José Almada Negreiros.

Publica-se o número único da revista *Portugal Futurista,* que insere poesias de Fernando Pessoa e o *"Ultimatum"* de Álvaro de Campos.

1918. Publica, em 2 *plaquettes, Antinous e 35 Sonnets.*

19 set. O suplemento literário do *Times*, de Londres, e o *Glasgow Herald* referem-se, em notas de crítica, aos poemas ingleses de Fernando Pessoa.

1919. *12 abr.* Embora tenha dado por morto Alberto Caeiro, escreve, nesta data, uma série de poemas em nome deste seu heterônimo.

Ricardo Reis parte para o Brasil.

5 out. Falece, em Pretória, o comandante João Miguel Rosa.

1920. *30 jan.* O jornal inglês *The Athenaeum* publica um poema de Fernando Pessoa intitulado *"Meantime"*.

1 mar. Fernando Pessoa escreve a sua primeira carta de amor

25 mar. Muda-se para o primeiro andar, direito, n.° 16, da Rua Coelho da Rocha, onde vai habitar com a mãe e os irmãos.

30 mar. Chegam a Lisboa, a bordo do *Lourenço Marques,* D. Maria Madalena, mãe de Fernando Pessoa, e os seus três filhos. Chega a Lisboa o corpo do padrasto do poeta.

15 out. Doente, Fernando Pessoa pensa internar-se numa casa de saúde.

Escreve a série de poemas ingleses que intitula *"Inscriptions"*.

1921. Editado pela *Olisipo,* organização editora sua, Fernando Pessoa publica os seus *English Poems I e II* e

English Poems III.

1922. *Maio.* Aparece o primeiro número da *Contemporânea,* dirigida por José Pacheco, que insere o "Banqueiro Anarquista", de Fernando Pessoa.

Maio. Olisipo publica a 2ª edição das *Canções*, de Antônio Boto.

Set. No número 3 da *Contemporânea* publica "Antônio Boto É o Ideal Estético em Portugal".

Nov. O número 4 da *Contemporânea* insere o "Mar Português", um artigo de Álvaro Maia, "Sodoma Divinizada", ataque ao artigo de Fernando Pessoa inscrito no número anterior da mesma revista, e uma carta de Álvaro de Campos dirigida a José Pacheco.

Dez. O número 6 da *Contemporânea* publica o poema de Fernando Pessoa "Natal".

1923. *Jan. O* número 7 *da Contemporânea* insere *"Trois Chansons Mortes",* de Fernando Pessoa.

Fev. Raul Leal publica o seu folheto *Sodoma Divinizada.*

22 fev. O jornal *A Época* anuncia a formação de um grupo de estudantes que se propõe morigerar os costumes: a *Liga de Ação dos Estudantes de Lisboa.*

Fev. O número 8 da *Contemporânea* publica a poesia de Álvaro de Campos *"Lisbon Revisited"* e *"Carta ao Autor* de *Sacha",* de Fernando Pessoa.

Mar. No número 9 da mesma revista a poesia em inglês *"Spell".*

6 mar. A *Liga de Ação dos Estudantes de Lisboa* publica o *Manifesto dos Estudantes das Escolas Superiores de Lisboa,* ofensiva contra a chamada "literatura de Sodoma".

Álvaro de Campos faz distribuir em Lisboa o seu *Aviso por Causa da Moral.*

Abr. Fernando Pessoa, em defesa de Raul Leal, atacado pelos estudantes de Lisboa, que, contra ele, haviam publicado um manifesto, faz distribuir o seu *Sobre um*

Manifesto de Estudantes.

Abr. Raul Leal publica novo manifesto — *Uma Lição de Moral aos Estudantes de Lisboa e o Descaramento da Igreja Católica.*

1924. Falece o general Henrique Rosa.

Out. Aparece o primeiro número da revista *Atena,* dirigida por Fernando Pessoa e Ruy Vaz.

Inicia-se na França o movimento Surrealista.

1925. *Fev.* Publica-se o número 5 da *Atena,* o último da revista.

17 mar. Falece, na Quinta dos Marechais, na Buraca, D. Maria Madalena, mãe de Fernando Pessoa

1926. *Ago.* Fernando Pessoa requere patente de invenção de um *Anuário Indicador Sintético, por Nomes e Outras Quaisquer Classificações Consultável em Qualquer Língua.*

Dirige, com seu cunhado, a *Revista de Comércio e Contabilidade.*

17 set. Álvaro de Campos responde a um inquérito do jornal *A Informação.*

Publica no jornal *O Sol* (número 1) um artigo sobre o Conto do Vigário.

No número 1 da 3ª série da *Contemporânea* publica a poesia "O Menino da Sua Mãe".

1927. *10 mar.* Publica-se em Coimbra o 1.° número da "folha de arte e critica" — *Presença.*

8 abr. José Régio publica no número 3 da *Presença* o artigo "Da Geração Modernista", primeira referência crítica da nova geração à obra do "Mestre" Fernando Pessoa.

4 jun. Fernando Pessoa inicia a sua colaboração na *Presença,* com a poesia "Marinha".

13 jun. Publica, no *Imparcial,* um artigo sobre Luís de Montalvor.

1928. Fernando Pessoa publica *O Interregno,* manifesto político do *Núcleo de Ação Nacional,* que devia Ter saído anônimo.

Dez. Publica na *Presença* a "Tábua Bibliográfica", escrita pelo seu próprio punho.

1929. Começa a publicar, na *Solução Editora,* uma *Antologia de Poetas Portugueses Modernos.*

Jun. Publica-se, no livro *Temas,* de João Gaspar Simões, o primeiro estudo crítico sobre a personalidade do poeta.

9 set. Fernando Pessoa alimenta o projeto de sair de Lisboa, fixando-se nos arredores, de preferência em Cascais, a fim de realizar a sua obra definitiva.

1930. Entra em correspondência com Aleister Crowley.

2 set. Chega a Lisboa, de visita a Fernando Pessoa, o mago inglês Aleister Crowley.

25 set. Desaparece, em circunstâncias "misteriosas", o famoso Aleister Crowley.

5 out. O *Notícias Ilustrado* publica o depoimento de Fernando Pessoa sobre o "misterioso" desaparecimento de Crowley.

1931. *Out.* Publica na *Presença* a tradução do "Hino a Pã", do mesmo Aleister Crowley.

1932. *16 set.* Requere, em concurso documental, o lugar de "conservador-bibliográfico" do Museu-Biblioteca do Conde de Castro Guimarães, em Cascais, no qual não é provido.

1933. *Fev.* Atravessa uma grave crise de neurastenia.

2 abr. Prepara o original dos *Indícios de Ouro,* de Mário de Sá-Carneiro, que a *Presença* editará.

1934. *Dez.* Aparece a *Mensagem.*

31 dez. É-lhe atribuído, pela publicação da *Mensagem,* o prêmio da "segunda categoria" do Secretariado de Propaganda Nacional, intitulado "Antero de Quental", cujo prêmio de "primeira categoria" é atribuído ao livro *Romaria,* de Vasco Reis.

1935. *30 jan.* Pensa publicar antes de outubro o seu

primeiro grande livro.

29 nov. É internado, com uma cólica hepática, no Hospital de S. Luís.

30 nov. Falece no mesmo hospital.

3 • COMPLEMENTO DE LEITURA

MARTIN CLARET

EDITORA MARTIN CLARET
R. Alegrete, 62 - Bairro Sumaré - São Paulo -SP
Cep: 01254-010 - Tel.: (11) 3672-8144 - Fax.: (11) 3673-7146
www.martinclaret.com.br

Nome ____

Série _____ Grau _____ Professor ____________________

Escola ____

Esclarecimentos:

Este instrumento de trabalho tem por principal objetivo explorar a leitura, trazendo ao leitor a oportunidade de refletir e de confrontar-se com o texto. Ao nos depararmos com uma obra literária, não podemos desconsiderar o universo contextual do autor e o tipo de reprodução que ele realiza. Passado e presente, estilos individuais, de época, conceitos e preconceitos, tudo deve ser confrontado e analisado para entrarmos em contato profundo com uma obra. Por mais que a arte queira sobreviver por si própria, ela se tornará vazia e sem sentido se não trouxer marcas de humanidade.

A Editora Martin Claret tem como lema "pensar é causar", e lhe convida a trilhar os horizontes pedagógicos que aí estão para fazê-lo "ser mais" e "causar" — e isso quer dizer, operar transformações pessoais e sociais.

Sobre o autor e a obra

Fernando Pessoa foi um dos poetas mais conceituados não só da literatura portuguesa, como mundial. Sua obra intriga até hoje os olhos mais observadores da poesia, pois criou, por meio de seus heterônimos, uma pluralidade de visão do mundo e do próprio ser humano. Seus heterônimos tinham uma biografia particular, justificavam suas características poéticas. Sua poesia refletia uma visão eclética do mundo que despontava no século XIX. *Mensagem* é a única obra pessoana publicada em vida. Poema profético e utópico, onde se fundem história nacional e esoterismo cristão e que, até hoje, desperta as mais contraditórias interpretações. A Editora Martin Claret traz até você mais um momento inesquecível de encontro com a cultura poética, de mais uma obra-prima, de mais um de nossos inesquecíveis autores. Boa leitura.

Reflexões

1. O que caracteriza a primeira parte de *Mensagem*? Que fatos da história de Portugal encontramos nesta obra? Explique-os.

____

____

____

2. A que período da história portuguesa se remete a segunda parte da obra *Mensagem*? Justifique sua resposta com versos do autor.

____

____

____

3. Releia o poema intitulado “Os colombos”, página 44, em seguida explique a quem se refere o poema, justificando sua resposta com versos da obra.

____

____

____

4. Que características de Fernando Pessoa podemos identificar nos versos que seguem:

"Não sou nada.
Nunca serei nada.
Não posso querer ser nada.
À parte isso, tenho em mim todos os sonhos do mundo."

___

___

___

5. O contemporâneo de Fernando Pessoa foi Mário de Sá Carneiro, compreendia o mundo de uma forma diferente de Fernando Pessoa. Explique em que consistia essa diferença entre os dois autores modernistas.

___

___

___

6. Interprete o seguinte poema de Fernando Pessoa:

"Venho dos lados de Beja.
Vou para o meio de Lisboa.
Não trago nada e não acharei nada.
Tenho cansaço antecipado do que não acharei,
E a saudade que sinto não é nem será no passado nem no futuro.
Deixo escrito neste livro a imagem do meu desígnio morto:
Fui, como ervas, e não me arrancaram."

___

___

___

7. "Aproveitar o tempo?
Mas o que é o tempo, que eu o aproveite?
Aproveitar o tempo!"

O que é na realidade o tempo? Como você definiria o tempo?

Como Fernando Pessoa define o tempo? Justifique sua resposta com versos do poema.

8. Releia o poema da página 158 intitulado "Pecado original" e interprete a seguinte estrofe:

"Sou quem falhei ser.
Somos todos quem nos supusemos.
A nossa realidade é o que não conseguimos nunca."

9. Redação: releia o poema "Aniversário", na página 152, em seguida faça um texto, em primeira pessoa, seguindo as mesmas características do poeta, deixando suas impressões sobre as mudanças das quais somos submetidos.

Suporte pedagógico editorial:

CRISTINA SPECHOTO: spechoto@martinclaret.com.br

Relação dos Volumes Publicados

1. Dom Casmurro
Machado de Assis
2. O Príncipe
Maquiavel
3. Mensagem
Fernando Pessoa
4. O Lobo do Mar
Jack London
5. A Arte da Prudência
Baltasar Gracián
6. Iracema / Cinco Minutos
José de Alencar
7. Inocência
Visconde de Taunay
8. A Mulher de 30 Anos
Honoré de Balzac
9. A Moreninha
Joaquim Manuel de Macedo
10. A Escrava Isaura
Bernardo Guimarães
11. As Viagens - "Il Milione"
Marco Polo
12. O Retrato de Dorian Gray
Oscar Wilde
13. A Volta ao Mundo em 80 Dias
Júlio Verne
14. A Carne
Júlio Ribeiro
15. Amor de Perdição
Camilo Castelo Branco
16. Sonetos
Luís de Camões
17. O Guarani
José de Alencar
18. Memórias Póstumas de Brás Cubas
Machado de Assis
19. Lira dos Vinte Anos
Álvares de Azevedo
20. Apologia de Sócrates / Banquete
Platão
21. A Metamorfose/Carta a Meu Pai/Um Artista da Fome
Franz Kafka
22. Assim Falou Zaratustra
Friedrich Nietzsche
23. Triste Fim de Policarpo Quaresma
Lima Barreto
24. A Ilustre Casa de Ramires
Eça de Queirós
25. Memórias de um Sargento de Milícias
Manuel Antônio de Almeida
26. Robinson Crusoé
Daniel Defoe
27. Espumas Flutuantes
Castro Alves
28. O Ateneu
Raul Pompéia
29. O Noviço / O Juiz de Paz na Roça / Quem Casa Quer Casa
Martins Pena
30. A Relíquia
Eça de Queirós
31. O Jogador
Dostoiévski
32. Histórias Extraordinárias
Edgar Allan Poe
33. Os Lusíadas
Luís de Camões
34. As Aventuras de Tom Sawyer
Mark Twain
35. Bola de Sebo e Outros Contos
Guy de Maupassant
36. A República
Platão
37. Elogio da Loucura
Erasmo de Rotterdam
38. Caninos Brancos
Jack London
39. Hamlet
William Shakespeare
40. A Utopia
Thomas More
41. O Processo
Franz Kafka
42. O Médico e o Monstro
Robert Louis Stevenson
43. Ecce Homo
Friedrich Nietzsche
44. O Manifesto do Partido Comunista
Marx e Engels
45. Discurso do Método / Regras para a Direção do Espírito
René Descartes
46. Do Contrato Social
Jean-Jacques Rousseau
47. A Luta pelo Direito
Rudolf von Ihering
48. Dos Delitos e das Penas
Cesare Beccaria
49. A Ética Protestante e o Espírito do Capitalismo
Max Weber
50. O Anticristo
Friedrich Nietzsche
51. Os Sofrimentos do Jovem Werther
Goethe
52. As Flores do Mal
Charles Baudelaire
53. Ética a Nicômaco
Aristóteles
54. A Arte da Guerra
Sun Tzu
55. Imitação de Cristo
Tomás de Kempis
56. Cândido ou o Otimismo
Voltaire
57. Rei Lear
William Shakespeare
58. Frankenstein
Mary Shelley
59. Quincas Borba
Machado de Assis
60. Fedro
Platão
61. Política
Aristóteles
62. A Viuvinha / Encarnação
José de Alencar
63. As Regras do Método Sociológico
Emile Durkheim
64. O Cão dos Baskervilles
Sir Arthur Conan Doyle
65. Contos Escolhidos
Machado de Assis
66. Da Morte / Metafísica do Amor / Do Sofrimento do Mundo
Arthur Schopenhauer
67. As Minas do Rei Salomão
Henry Rider Haggard
68. Manuscritos Econômico-Filosóficos
Karl Marx
69. Um Estudo em Vermelho
Sir Arthur Conan Doyle
70. Meditações
Marco Aurélio
71. A Vida das Abelhas
Maurice Materlinck
72. O Cortiço
Aluísio Azevedo
73. Senhora
José de Alencar
74. Brás, Bexiga e Barra Funda / Laranja da China
Antônio de Alcântara Machado
75. Eugênia Grandet
Honoré de Balzac
76. Contos Gauchescos
João Simões Lopes Neto
77. Esaú e Jacó
Machado de Assis
78. O Desespero Humano
Sören Kierkegaard
79. Dos Deveres
Cícero
80. Ciência e Política
Max Weber
81. Satíricon
Petrônio
82. Eu e Outras Poesias
Augusto dos Anjos
83. Farsa de Inês Pereira / Auto da Barca do Inferno / Auto da Alma
Gil Vicente
84. A Desobediência Civil e Outros Escritos
Henry David Toreau
85. Para Além do Bem e do Mal
Friedrich Nietzsche
86. A Ilha do Tesouro
R. Louis Stevenson
87. Marília de Dirceu / Cartas Chilenas
Tomás A. Gonzaga
88. As Aventuras de Pinóquio
Carlo Collodi
89. Segundo Tratado Sobre o Governo
John Locke
90. Amor de Salvação
Camilo Castelo Branco
91. Broquéis/Faróis/Últimos Sonetos
Cruz e Souza
92. I-Juca-Pirama / Os Timbiras / Outros Poemas
Gonçalves Dias
93. Romeu e Julieta
William Shakespeare
94. A Capital Federal
Arthur Azevedo
95. Diário de um Sedutor
Sören Kierkegaard
96. Carta de Pero Vaz Caminha a El-Rei Sobre o Achamento do Brasil
97. Casa de Pensão
Aluísio Azevedo
98. Macbeth
William Shakespeare
99. Édipo Rei/Antígona
Sófocles
100. Lucíola
José de Alencar
101. As Aventuras de Sherlock Holmes
Sir Arthur Conan Doyle
102. Bom-Crioulo
Adolfo Caminha
103. Helena
Machado de Assis
104. Poemas Satíricos
Gregório de Matos

105. Escritos Políticos / A Arte da Guerra
Maquiavel

106. Ubirajara
José de Alencar

107. Diva
José de Alencar

108. Eurico, o Presbítero
Alexandre Herculano

109. Os Melhores Contos
Lima Barreto

110. A Luneta Mágica
Joaquim Manuel de Macedo

111. Fundamentação da Metafísica dos Costumes e Outros Escritos
Immanuel Kant

112. O Príncipe e o Mendigo
Mark Twain

113. O Domínio de Si Mesmo Pela Auto-Sugestão Consciente
Emile Coué

114. O Mulato
Aluísio Azevedo

115. Sonetos
Florbela Espanca

116. Uma Estadia no Inferno / Poemas / Carta do Vidente
Arthur Rimbaud

117. Várias Histórias
Machado de Assis

118. Fédon
Platão

119. Poesias
Olavo Bilac

120. A Conduta para a Vida
Ralph Waldo Emerson

121. O Livro Vermelho
Mao Tsé-Tung

122. Oração aos Moços
Rui Barbosa

123. Otelo, o Mouro de Veneza
William Shakespeare

124. Ensaios
Ralph Waldo Emerson

125. De Profundis / Balada do Cárcere de Reading
Oscar Wilde

126. Crítica da Razão Prática
Immanuel Kant

127. A Arte de Amar
Ovídio Naso

128. O Tartufo ou O Impostor
Molière

129. Metamorfoses
Ovídio Naso

130. A Gaia Ciência
Friedrich Nietzsche

131. O Doente Imaginário
Molière

132. Uma Lágrima de Mulher
Aluísio Azevedo

133. O Último Adeus de Sherlock Holmes
Sir Arthur Conan Doyle

134. Canudos - Diário de Uma Expedição
Euclides da Cunha

135. A Doutrina de Buda
Siddharta Gautama

136. Tao Te Ching
Lao-Tsé

137. Da Monarquia / Vida Nova
Dante Alighieri

138. A Brasileira de Prazins
Camilo Castelo Branco

139. O Velho da Horta/Quem Tem Farelos?/Auto da Índia
Gil Vicente

140. O Seminarista
Bernardo Guimarães

141. O Alienista
Machado de Assis

142. Sonetos
Manuel du Bocage

143. O Mandarim
Eça de Queirós

144. Noite na Taverna/Macário
Álvares de Azevedo

145. Viagens na Minha Terra
Almeida Garret

146. Sermões Escolhidos
Padre Antonio Vieira

147. Os Escravos
Castro Alves

148. O Demônio Familiar
José de Alencar

149. A Mandrágora / Belfagor, o Arquidiabo
Maquiavel

150. O Homem
Aluísio Azevedo

151. Arte Poética
Aristóteles

152. A Megera Domada
William Shakespeare

153. Alceste/Electra/Hipólito
Eurípedes

154. O Sermão da Montanha
Huberto Rohden

155. O Cabeleira
Franklin Távora

156. Rubáiyát
Omar Khayyám

157. Luzia-Homem
Domingos Olímpio

158. A Cidade e as Serras
Eça de Queirós

159. A Retirada da Laguna
Visconde de Taunay

160. A Viagem ao Centro da Terra
Júlio Verne

161. Caramuru
Frei Santa Rita Durão

162. Clara dos Anjos
Lima Barreto

163. Memorial de Aires
Machado de Assis

164. Bhagavad Gita
Krishna

165. O Profeta
Khalil Gibran

166. Aforismos
Hipócrates

167. Kama Sutra
Vatsyayana

168. O Livro da Jângal
Rudyard Kipling

169. De Alma para Alma
Huberto Rohden

170. Orações
Cícero

171. Sabedoria das Parábolas
Huberto Rohden

172. Salomé
Oscar Wilde

173. Do Cidadão
Thomas Hobbes

174. Porque Sofremos
Huberto Rohden

175. Einstein: o Enigma do Universo
Huberto Rohden

176. A Mensagem Viva do Cristo
Huberto Rohden

177. Mahatma Gandhi
Huberto Rohden

178. A Cidade do Sol
Tommaso Campanella

179. Setas para o Infinito
Huberto Rohden

180. A Voz do Silêncio
Helena Blavatsky

181. Frei Luís de Sousa
Almeida Garrett

182. Fábulas
Esopo

183. Cântico de Natal/ Os Carrilhões
Charles Dickens

184. Contos
Eça de Queirós

185. O Pai Goriot
Honoré de Balzac

186. Noites Brancas e Outras Histórias
Dostoiévski

187. Minha Formação
Joaquim Nabuco

188. Pragmatismo
William James

189. Discursos Forenses
Enrico Ferri

190. Medéia
Eurípedes

191. Discursos de Acusação
Enrico Ferri

192. A Ideologia Alemã
Marx & Engels

193. Prometeu Acorrentado
Ésquilo

194. Iaiá Garcia
Machado de Assis

195. Discursos no Instituto dos Advogados Brasileiros / Discurso no Colégio Anchieta
Rui Barbosa

196. Édipo em Colono
Sófocles

197. A Arte de Curar pelo Espírito
Joel S. Goldsmith

198. Jesus, o Filho do Homem
Khalil Gibran

199. Discurso sobre a Origem e os Fundamentos da Desigualdade entre os Homens
Jean-Jacques Rousseau

200. Fábulas
La Fontaine

201. O Sonho de uma Noite de Verão
William Shakespeare

202. Maquiavel, o Poder
José Nivaldo Junior

203. Ressurreição
Machado de Assis

204. O Caminho da Felicidade
Huberto Rohden

205. A Velhice do Padre Eterno
Guerra Junqueiro

206. O Sertanejo
José de Alencar

207. Gitanjali
Rabindranath Tagore

208. Senso Comum
Thomas Paine

209. Canaã
Graça Aranha

210. O Caminho Infinito
Joel S. Goldsmith

211. Pensamentos
Epicuro

212. A Letra Escarlate
Nathaniel Hawthorne

213. Autobiografia
Benjamin Franklin

214. Memórias de Sherlock Holmes
Sir Arthur Conan Doyle

215. O Dever do Advogado / Posse de Direitos Pessoais
Rui Barbosa

216. O Tronco do Ipê
José de Alencar

217. O Amante de Lady Chatterley
D. H. Lawrence

218. Contos Amazônicos
Inglez de Souza

219. A Tempestade
William Shakespeare

220. Ondas
Euclides da Cunha

221. Educação do Homem Integral
Huberto Rohden

222. Novos Rumos para a Educação
Huberto Rohden

223. Mulherzinhas
Louise May Alcott

224. A Mão e a Luva
Machado de Assis

225. A Morte de Ivan Ilicht / Senhores e Servos
Leon Tolstói

226. Álcoois
Apollinaire

227. Pais e Filhos
Ivan Turguêniev

228. Alice no País das Maravilhas
Lewis Carroll

229. À Margem da História
Euclides da Cunha

230. Viagem ao Brasil
Hans Staden

231. O Quinto Evangelho
Tomé

235. Do Cativeiro Babilônico da Igreja
Martinho Lutero

236. O Coração das Trevas
Joseph Conrad

237. Thais
Anatole France

238. Andrômaca / Fedra
Racine

239. As Catilinárias
Cícero

240. Recordações da Casa dos Mortos
Dostoiévski

241. O Mercador de Veneza
William Shakespeare

242. A Filha do Capitão / A Dama de Espadas
Aleksandr Púchkin

243. Orgulho e Preconceito
Jane Austen

244. A Volta do Parafuso
Henry James

245. O Gaúcho
José de Alencar

246. Tristão e Isolda
Lenda Medieval Celta de Amor

247. Poemas Completos de Alberto Caeiro
Fernando Pessoa

248. Maiakósvski
Vida e Poesia

249. Sonetos
William Shakespeare

250. Poesia de Ricardo Reis
Fernando Pessoa

251. Papéis Avulsos
Machado de Assis

252. Contos Fluminenses
Machado de Assis

254. A Oração da Coroa
Demóstenes

255. O Castelo
Franz Kafka

262. A Alma Encantadora das Ruas
João do Rio

Série Ouro
(Livros com mais de 400 p.)

1. Leviatã
Thomas Hobbes

2. A Cidade Antiga
Fustel de Coulanges

3. Crítica da Razão Pura
Immanuel Kant

4. Confissões
Santo Agostinho

5. Os Sertões
Euclides da Cunha

6. Dicionário Filosófico
Voltaire

7. A Divina Comédia
Dante Alighieri

8. Ética Demonstrada à Maneira dos Geômetras
Baruch de Spinoza

9. Do Espírito das Leis
Montesquieu

10. O Primo Basílio
Eça de Queirós

11. O Crime do Padre Amaro
Eça de Queirós

12. Crime e Castigo
Dostoiévski

13. Fausto
Goethe

14. O Suicídio
Émile Durkheim

15. Odisséia
Homero

16. Paraíso Perdido
John Milton

17. Drácula
Bram Stocker

18. Ilíada
Homero

19. As Aventuras de Huckleberry Finn
Mark Twain

20. Paulo – O 13º Apóstolo
Ernest Renan

21. Eneida - *Virgílio*

22. Pensamentos
Blaise Pascal

23. A Origem das Espécies
Charles Darwin

24. Vida de Jesus
Ernest Renan

25. Moby Dick
Herman Melville

26. Os Irmãos Karamazovi
Dostoiévski

27. O Morro dos Ventos Uivantes
Emily Brontë

28. Vinte Mil Léguas Submarinas
Júlio Verne

29. Madame Bovary
Gustave Flaubert

30. O Vermelho e o Negro
Stendhal

31. Os Trabalhadores do Mar
Victor Hugo

32. A Vida dos Doze Césares
Suetônio

34. O Idiota
Dostoiévski

35. Paulo de Tarso
Huberto Rohden

36. O Peregrino
John Bunyan

37. As Profecias
Nostradamus

38. Novo Testamento
Huberto Rohden

39. O Corcunda de Notre Dame
Victor Hugo

40. Arte de Furtar
Anônimo do século XVII

41. Germinal
Emile Zola

42. Folhas de Relva
Walt Whitman

43. Ben-Hur — Uma História dos Tempos de Cristo
Lew Wallace

44. Os Maias
Eça de Queirós

45. O Livro de Ouro da Mitologia
Thomas Bulfinch

47. Poesia de Álvaro de Campos
Fernando Pessoa

49. Grandes Esperanças
Charles Dickens

50. A Educação Sentimental
Gustave Flaubert

53. Os Miseráveis (Volume I)
Victor Hugo

54. Os Miseráveis (Volume II)
Victor Hugo